DER SCHWARZE GARTEN

The Black Garden

Scheidegger & Spiess

GÜNTHER WIZEMANN

für EVA

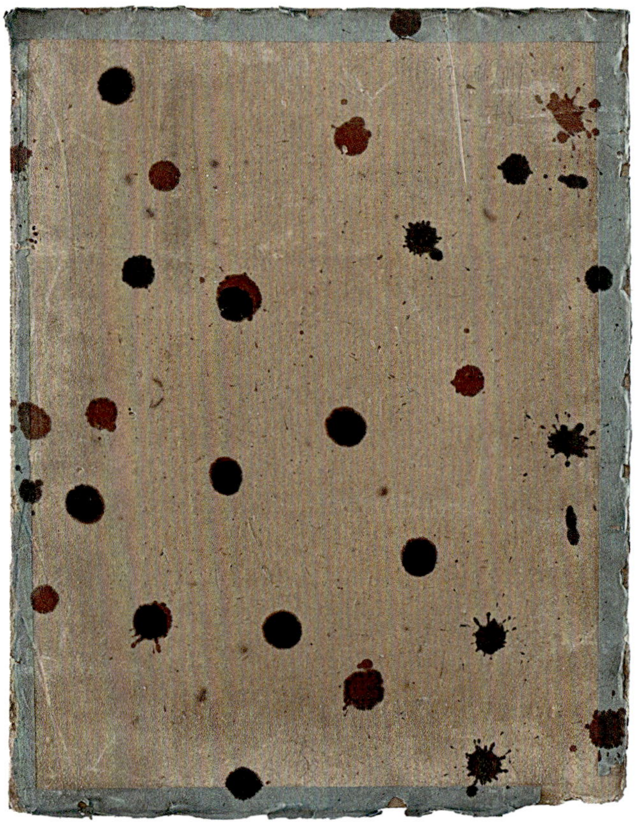

Mont Blanc, für Rodtschenko und Majakowsky, 1976
Tinte auf Papier, 42×32 cm

Roter Stern Belgrad

Bergmilch

Schwarzer Mohn

Natura morta

Schwarzer Diamant

Eminence grise

Katzensilber

Kirschblütenfest am Biwasee

Turmalin

Martinez Hacienda

Il pleut

Helleborus niger

Chroma

T für Tschichold

Pelikan 140 für El Lissitzky

Liegendes T

Der Aschiktänzer

Opium

Strich für Hokusai

Media Luna

Weiss geschichtet

Kampf im Mais

Himmel über Moriarty

Ausgewählte Bildtitel / Selected titles of works

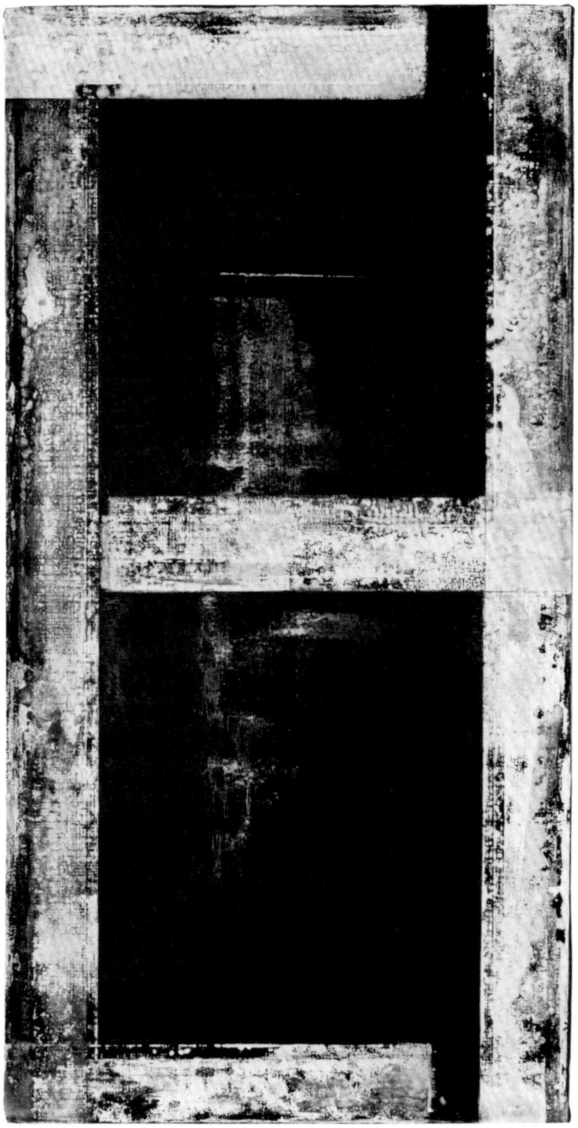

Martinez Hacienda (Grundriss), Taos, New Mexiko, 1990/1991
Öl und Kunstharz auf Leinwand, 100 × 50 cm

Florian Vetsch

NIGREDO

Viele kennen den Cartoon des US-amerikanischen Malers Ad Reinhardt (1913–1967), auf welchem der Betrachter eines abstrakten Bildes sich über dieses mit der Frage, was es denn repräsentiere, lustig macht, dann aber, völlig überrascht, von diesem selbst gefragt wird, was er denn repräsentiere! Auf gewitzte Art trifft der schwarze Mönch der Minimal Art den Nagel auf den Kopf. Seine *Schriften und Gespräche* zählen zu den Fibeln von Günther Wizemann (*1953 in Graz), ihm hat er 1990 das golden durchblitzte rotflächige Ölbild *für Ad Reinhardt (Number 4)* gewidmet. Doch zitiert sei Reinhardts Cartoon gleich zu Beginn, denn auch dieser Essay ist nur der Versuch einer subjektiven Auslegeanordnung von Reflexionen, die von Wizemanns Werkgruppe *Der schwarze Garten* ausgehen und sich dabei auf Gespräche mit dem Künstler sowie auf eigene Beobachtungen, Recherchen, Kenntnisse berufen. Der folgende Essay beansprucht für sich keinerlei Deutungshoheit, dafür aber die Freiheit der Ausschweifung – William Blakes treffliche Bemerkung aus den *Proverbs of Hell* (1790–1992) im Ohr, dass es die Strasse der Ausschweifung ist, die zum Palast der Weisheit führt.

Günther Wizemanns Werkgruppe *Der schwarze Garten,* entstanden in den Jahren 2003–2013, besteht aus über 40 Gemälden aus Öl und Kunstharz auf Leinwand, hervorgegangen aus langwierigen malerischen Prozessen des Farbauf- und -abtragens, aus Prozessen, die sich über mehrere Monate, ja mitunter über Jahre hinzogen und bis zu 60, 70 Farbschichten generierten. Das Resultat dieser langsamen, dichten Malerei ist die spiegelnde Oberfläche, welche die Bilder aus dem *Schwarzen Garten* auszeichnet, indem sie ihnen einen Bildraum nach innen wie nach aussen gibt. Hier ist aber nichts mit der Hochglanzästhetik der Modewelt zu verwechseln, denn mit deren superfiziellen Banalität hat *Der schwarze Garten* nichts gemein. Vielmehr bilden die dunklen Tafelbilder, gerade wenn sie den Betrachter in die Nähe locken, um ihre feinen, aus den vielfältigen Malaktionen destillierten Farbstrukturen genauer sehen zu können, rätselhafte Spiegel, die als solche immer auch wiedergeben und annehmen, was ihnen vis-à-vis tritt – sei dies nun, bei frontaler Begegnung, der Umriss des Betrachters selbst oder der Blitz seiner Kamera, sei dies, das Bild leicht seitwärts angeschaut, eine Fensterfront, eine Aussicht, andere Farben im Raum, das Schimmern einer Lampe, ein Monitor, was auch immer. Und schliesslich blitzt eine silbern oder golden reflektierende Bildoberfläche auf, wenn man diese Malereien von der Seite her unter einem steilen Winkel betrachtet; kurz bevor man am Bild vorbeigegangen ist, wird sie wieder ausgeknipst und mündet ins reine Schwarz.

So verändert die Perspektive im Zusammenspiel mit anderen Faktoren wie Tageslicht, Beleuchtung, Jahreszeit die Spiegelung im Binnenraum des Bildes. Das trifft in gewisser Weise auf jedes Gemälde in einem Raum zu, wie das Candida Höfers Fotografie aus dem Museo Civico in

Vincenza eindrücklich vor Augen führt. Doch Wizemanns schwarze Tafelbilder fordern durch ihre spiegelnde Oberfläche bewusst den Perspektivenwechsel des Betrachters als besondere ästhetische Erfahrung heraus.

Spiegelung – auch im übertragenen Sinn der Reflexion – ist denn ein grosses Thema dieser Werkgruppe. Wie angedeutet, hat Spiegelung zuerst mit der Konfrontation mit einem selbst und dem Umfeld, in dem man sich befindet, zu tun. Die uralte delphische Formel «Erkenne dich selbst!» stellt eine unendliche Aufgabe dar. Sie kann nicht in der Art gelöst werden, dass ein Schleier vor dem wahren Selbst entfernt und dieses dann ein für alle Mal erkannt würde, denn wir verändern uns ständig. Die Aufgabe ist viel komplexer. Die Spiegelung hat eine starke ethische Dimension,

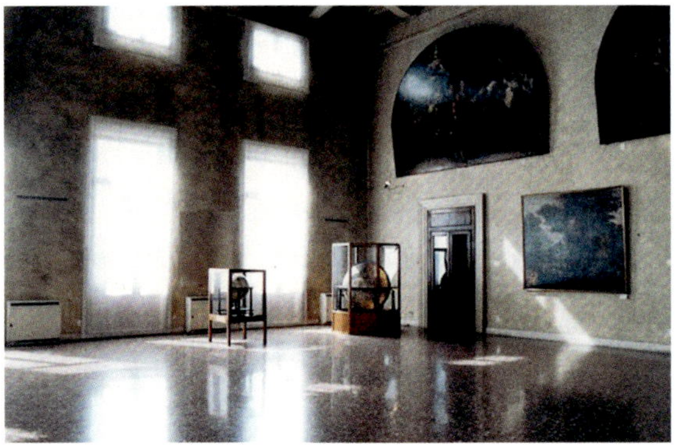

Candida Höfer: *Museo Civico, Vicenza II 1988,* Fotografie

doch muss sie für Wizemanns *Schwarzen Garten* primär als ästhetische Erfahrung eingeordnet werden. Allerdings ist diese keiner Ästhetik verpflichtet, die sich nur um sich selbst drehen würde, da die Spiegelung das Umfeld miteinbezieht und Körper, Geschichte, Seheinstellungen des Betrachters motiviert. Die Interpretation des Geschauten bleibt ihm überlassen: Das ästhetische Ereignis hat den Primat.

Dementsprechend interessiert Wizemann zum Beispiel an Hieronymus Boschs *Garten der Lüste* (1500) nicht das Fantastische oder das Figurative, sondern die reine Farbenschlacht, die sich dem Auge darbietet, wenn es diesem Triptychon begegnet. Dabei fasziniert ihn wohl die rechte Tafel, *Die Hölle,* am meisten, wegen Boschs Inszenierung der Farbe Schwarz und ihrer Verwerfungen ins Graue, Braune, Rote und Weisse gar.

Ähnlich lässt sich Wizemanns Blick auf Rubens' gigantischen *Liebesgarten* detektieren: Nicht Rubens' glückliche Beziehung zu seiner zweiten Frau Helene Fourment entzückt diesen Maler, nicht die Erzählung – den Helgen von links nach rechts gelesen – ihres ersten trauten Zusammenseins bis zur Eheschliessung unterhält sein Auge, sondern vielmehr die Verteilung des tiefen dunklen Blaus, das dreimal Helenes Kleid prägt, das Durchschimmern dieses Blaus unter dem weissen Kragen, den sie auf der Darstellung links trägt, das Durchschimmern der Hautfarbe daselbst, das Hereinbrechen des wuchtigen Rots rechts im Bild, dessen Verschattungen etc.

Oder angesichts von Goyas *Pinturas negras* (1819–1823), die der grosse Spanier einst an die Wände seines Landhauses Quinta del Sordo malte und die heute im Prado bewundert werden können, fragt Wizemann nicht nach ihren psychologischen Deutungen in Bezug auf Goyas Zustand und ebenso wenig nach ihren biblischen Referenzen oder ihren Korrespondenzen mit der düsteren Zeitgeschichte, sondern einzig und allein nach der chromatischen Skala: Hier ein schmutziges Gelb, dort ein verwunschenes Schwarz, hier ein sich verdunkelndes Grau, dort ein sich aufbäumendes Rot – alles sich entwickelnd aus dem die *Pinturas negras* beherrschenden düsteren Braun.

Wizemanns Auge will trinken, es untersucht Bilder aus verschiedenen Perspektiven daraufhin, was die Farben alles auf der Leinwand treiben und welches Konzert, welche Symphonie sie – die doch allesamt Einzeltöne bilden – zusammengeführt veranstalten. Daraufhin prüft dieses Auge auch die eigenen Bilder. Deren malerische Dichte entwickelt sich in zeitaufwendigen Séancen, bei denen das, was die Farben von sich selbst her freigeben, eine wichtige Rolle spielt. Seiner Haltung entspricht folgende Maxime aus einem alten japanischen Handbuch der Gartenkunst: «Der Stein muss platziert werden, wo er es möchte.» Durch das wiederholte Auf- und Abtragen der Farbschichten konstruiert sich der Bildraum wie von selbst.

In der Ausgabe der Polaroids von Andrej Tarkowskij, in dem Band *Lichtbilder,* heisst es einmal: «Das künstlerische Bild ist eines, das seine eigene Entwicklung ganz aus sich selbst heraus manifestiert. Folglich ist das Bild ein Samenkorn, ein sich selbst entwickelnder Organismus mit Rückkopplung. Es ist das Symbol des Lebens im Gegensatz zum Leben selbst. Das Leben schliesst den Tod mit ein. Das Abbild des Lebens schliesst ihn entweder aus oder betrachtet ihn als einzige Möglichkeit der Bestätigung des Lebens.»

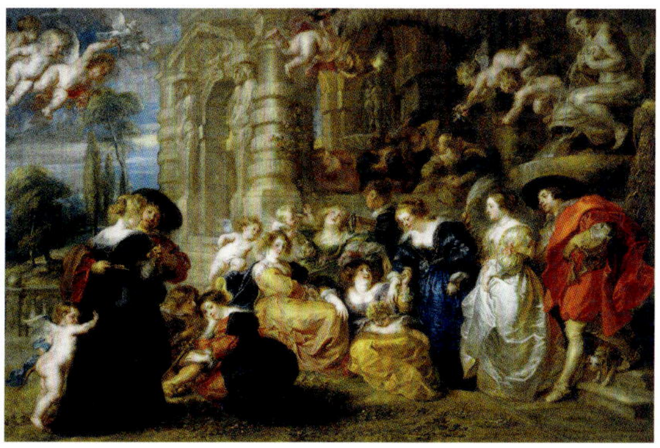

Peter Paul Rubens, *Der Liebesgarten,* 1632, Prado, Madrid

Suchte man nun den grösstmöglichen Gegensatz zur oben erwähnten Hochglanzästhetik der Modewelt, deren Eitelkeit immer sich selbst schon genug ist, so fände man ihn wohl im *Black Garden,* den die US-amerikanische Konzeptkünstlerin Jenny Holzer als zentrale Gedenkstätte für die Kriegsgefallenen sowie die rassistisch und politisch Verfolgten der deutschen Stadt Nordhorn, Niedersachsen, 1992 bis 1995 daselbst eingerichtet hat. Der insgesamt 3447 Quadratmeter grosse

Kunstgarten besteht aus der ursprünglich 1929 errichteten Gedenkstätte, verschiedenen Namens- und Erinnerungstafeln, welche die schwere deutsche Geschichte seit dem Deutsch-Französischen Krieg von 1870/71 bis zum Ende des Zweiten Weltkriegs zum Thema haben, ferner aus Beeten, Baumpflanzungen, Gehwegen, Bänken aus lokalem Bentheimer Sandstein…

Mit Jenny Holzers Arbeit verbindet Wizemanns Konvolut zwar keine konkrete Anregung (auf diese kommen wir noch zu sprechen), aber sehr wohl eines der Assoziationsfelder der Farbe Schwarz: der Tod, die Trauer, die Erinnerung, das Andenken. Dieses ist das majestätische Thema der Farbe Schwarz im abendländischen Kulturkreis, und als solches ist es in Günther Wizemanns Bildersuite omnipräsent. *Der schwarze Garten* ist ein zutiefst melancholisches Werk, als hätte Albrecht Dürers Melencolia (wörtl. «Die Schwarzgallige») es in einer besonders schweren Stunde ersonnen.

Dennoch ist Wizemanns Werkgruppe weder Gedenkstätte noch Friedhof. Wer den Titel *Der schwarze Garten* liest, dem kann er wie ein Oxymoron vorkommen, als eine Wendung wie Kurt Schwitters' «kalte Glut» oder Paul Celans «schwarze Milch», wie «schwarzer Schnee», «weisser Rappe», «hölzernes Eisen» oder «stummer Schrei» – als ein fruchtbares Zusammenwerfen von Gegensätzen.

Dieser Titel birgt ein Paradoxon, das die Kunst löst, wenn es, wie Derek Jarman in seinem Gedankenbuch *Chroma* festgestellt hat, keine schwarzen Gärten gibt und sie, die Kunst, dennoch solche hervorbringt: «Melanose, Falter, die sich schwarz färben, um sich vor Raubtieren zu verbergen. / Schwarze Käfer. Kakerlaken. Schwarze Panther auf der Pirsch nach schwarzen Schafen. Schwarze Schwäne und Raben. / Schwarze Blumen sind Violen, schwarz wie Samt. Schwarze Tulpen mit einem Hauch Purpur und schwarze Nieswurz, die im Winter blüht. Es gibt weisse, aber keine schwarzen Gärten.»

Zugleich beinhaltet der als Oxymoron gelesene Titel *Der schwarze Garten* das Paradoxon des Lebens, zu dem der Tod gehört. Jeder Wanderer in einer Moorlandschaft kann beobachten, dass aus Totem neues Leben entspringt. Die Kreislaufwirtschaft von Werden und Vergehen hält jedes Biotop aufrecht. Gelänge es dem Menschen nur, lediglich so in den Lauf der Dinge einzugreifen, dass seine Aktionen das, was sich selbst erhält, nicht stören! Ein jüngeres Konzept, nach dem bei der Pflege von Hochmooren vorgegangen wird, heisst «Cradle to Cradle» und bedeutet wörtlich «von der Wiege bis zur Wiege». Es geht auf das im Jahr 2002 erschienene Buch *Cradle to Cradle: Remaking the Way We Make Things* (2002) des US-amerikanischen Architekten William McDonough und des deutschen Chemikers Michael Braungart zurück und strebt eine besondere Nachhaltigkeit an, indem die Pflanzen am Ort, wo sie aufwachsen, auch wieder sterben und so den Nährboden, die «Wiege», für die nächste Generation bereiten; das Konzept fand Eingang in die Umwelt- und Wirtschaftswissenschaften.

In Günther Wizemanns *Schwarzem Garten* steigen aus der gleissenden Schwärze farbige Knäuel auf oder sinken in sie zurück. In ihr schweben florale oder mikroskopische Muster genauso wie organische Formen, die an Francis Bacons Behandlung des Fleisches erinnern – Fingerabdrücke der Farbe gleichsam, amorphe Farbspuren, welche die Sinne und die Fantasie anregen. Für sie gilt natürlich, was Adorno in seiner postum erschienenen *Ästhetischen Theorie* (1970) festgehalten hat: «Als Erscheinung und nicht als Abbild, sind die Kunstwerke Bilder.» Wizemann geht es nicht um Mimesis, sondern um Aisthesis und Poiesis. Gleichwohl wird sich der Betrachter zu den ästhetischen Phänomenen hinzudenken, was immer er vermag. So könnte man auf die Idee verfallen, angesichts der schwarzen Tafelbilder mit ihren koloristischen Einschüssen zu Adalbert Stifters *Bunten Steinen* (1853) zu greifen und sich zu fragen, welches Bild einem Titel aus Stifters Erzählsammlung entsprechen würde: Welches könnte *Granit* heissen, welches *Kalkstein, Turmalin, Bergkristall, Katzensilber, Bergmilch*? Stifter hat seine Erzählsammlung im Untertitel «Ein Festgeschenk» genannt, und so hat auch diese Idee etwas Festliches. Wer sich die Arbeiten auf eine solche Art und Weise vornimmt, ist in Feiertagsstimmung, losgelöst vom Alltag.

Als «eine Konstruktion ins Licht» bezeichnet Wizemann seine schwarzen Arbeiten. Das lässt an die weisse Schneerose (*Helleborus niger*) denken, deren Wurzel schwarz ist. Und steigen nicht die amorphen Formen auf diesen Bildern aus finsterem Grund auf wie Luftblasen aus der kühlen schwarzen Tiefe eines Teichs oder eben wie Schneerosen aus dem Dunkel der lebenspendenden Allzermalmerin Erde?

Der Ausruf «O Tyrannei des Lichts» aus Max Hölzers Gedichtband *Nigredo* (1962) bezieht sich auf das Licht im Alltagsgewühl, das die Ästhetik der Schatten, das Unbewusste, die Heimlichkeiten der Nacht zurückdrängt. Ähnlich wie dieser deutschsprachige Surrealist adorierten schon die Romantiker die alles verdunkelnde, die entgrenzende Nacht, aus der heraus befremdende Stimmen, Formen hör-, seh-, ahnbar werden und in ein anderes, ein nicht tyrannisches Licht drängen: «Was quillt auf einmal so ahndungsvoll unterm Herzen, und verschluckt der Wehmut weiche Luft? Hast auch du ein Gefallen an uns, dunkle Nacht? Was hältst du unter deinem Mantel, das mir unsichtbar kräftig an die Seele geht? Köstlicher Balsam träuft aus deiner Hand, aus dem Bündel Mohn. Die schweren Flügel des Gemüts hebst du empor. Dunkel und unaussprechlich fühlen wir uns bewegt», heisst es in Novalis' *Hymnen an die Nacht* (1800).

Dass florale Muster in Günther Wizemanns *Schwarzem Garten* anzutreffen sind, suggeriert bereits der Titel, ist also als Assoziation keineswegs abwegig. Das Blumenmotiv findet sich jedoch bereits im Frühwerk des Malers; so auf den Farbstudien aus der zweiten Hälfte der 1970er-Jahre mit Titeln wie *Kampf im Mais, Opium* etc., die genauso gut herausgeschnittene Rechtecke von der Farbpalette eines Monet, Gaugin oder Segantini sein könnten. Ab dem Jahr 2003 tritt das Blumenmotiv in Wizemanns Arbeiten wieder markant auf. Neben dem *Schwarzen Garten* hat es, expliziter noch, Eingang in die aus acht Bildern bestehende schwarz-weiss-graue Serie *Natura Morta – Camellia* (2003–2009) gefunden. Wie die Nacht ist auch die Blume fest im symbolischen Bilderschatz der Romantik verankert.

Doch Günther Wizemann bezog die Anregung zum Titel seiner Werkgruppe *Der schwarze Garten* weder aus der Konzeptkunst noch der Land Art, weder aus der Hortikultur noch aus einer neoromantischen Eingebung. In den Ateliers und Bibliotheken von Malern stösst man immer auf Bücher, die ein Homme de lettres im Antiquariat oder der Buchhandlung übersehen würde, ein Maler aber einsteckt. Ein solches Buch ist die unscheinbare «Zürcher Legende» des Schweizer Erzählers Gottlieb Heinrich Heer (1903–1967) mit dem Titel *Der schwarze Garten* (Scientia, Zürich 1945); sie findet sich in der Bibliothek des Malers, ihr verdankt sich die Anregung zu seinem Werktitel. An der Stüssihofstatt im Zürcher Niederdorf betrieben die heilkundigen Scherer und Bader von 1534 bis 1834 zur Ausübung ihres Berufs ein eigenes Haus, das «Haus zum schwarzen Garten»; sie nannten sich «Gesellschaft zum schwarzen Garten». Von diesem Haus und seinem Garten erzählt Heers im Hochmittelalter angesiedelte Legende. Ihr Held ist ein Glockengiesser.

Allein schon dieser Umstand vereinnahmte Wizemann für den Text, denn jede Nennung dieses alten Berufs erinnert ihn an Tarkowskijs Verfilmung vom Leben des russischen Ikonenmalers Andrej Rubljow (ca.1360–1430), an den 1966 gedrehten Film *Rubljow.* Darin stürzt Andrej in eine schwere Schaffenskrise; angesichts der Schlechtigkeit der Zeit verliert er die Sinngebung für sein Schaffen völlig, versinkt in Untätigkeit und selbstauferlegtes Schweigen. Aus dieser Krise hilft ihm das Schicksal eines Jungen, der behauptet, das Geheimnis der metallischen Zusammensetzung der zu giessenden Glocke von seinem verstorbenen Vater zu kennen. Obwohl dies gar nicht der Fall ist, gelingt der Glockenguss, – was den Jungen zu Tränen erschüttert und in Andrej bewirkt, dass er sein Schaffen wieder aufnimmt. Der bis dahin schwarz-weiss gedrehte Film wird erst ganz am Schluss, wenn die Kamera über verschiedene Ikonen des Malers schweift, farbig – ein Einfall, der ans Wunderbare grenzt.

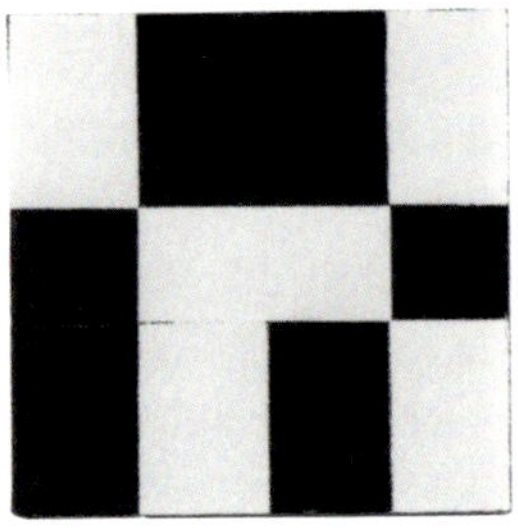

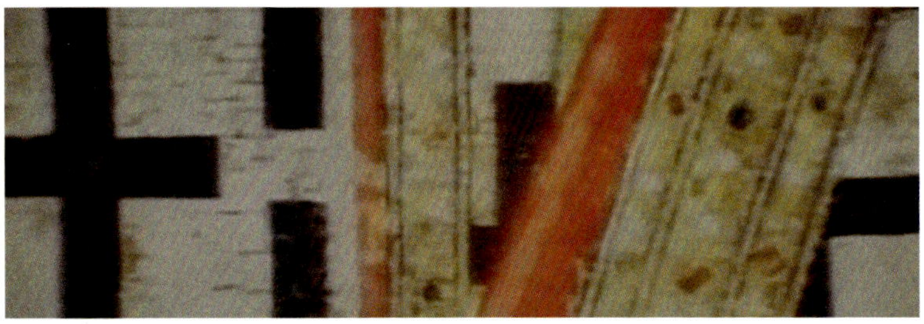

Günther Wizemann, *Ohne Titel,* 1983, Acryl auf Leinwand, 50 x 50 cm,
Sammlung Manfred Wandel, Stiftung für konkrete Kunst, Reutlingen, Deutschland
Andrej Tarkowskij, *Rubljow,* Film Still, 1966

In Heers Legende wird erzählt, wie der Glockengiesser Felix seine Geliebte Sulamith aus dem Morgenland, wohin er als Kreuzritter aufgebrochen war, mit in seine Heimat bringt. Der Name des Glockners bedeutet wörtlich «der Glückliche, der vom Glück Begünstigte» und bezieht sich auf den Namen des Stadtpatrons von Zürich, des heilig gesprochenen Märtyrers Felix, der im 4. Jahrhundert zusammen mit der Märtyrerin Regula und ihrem gemeinsamen Diener Exuperantius auf einer kleinen Insel der Limmat bei Turicum im Zeichen der diokletianischen Christenverfolgung enthauptet wurde. Der Name der Geliebten entspringt dem Alten Testament, dem *Hohelied Salomos,* das seinerzeit nur gegen grosse Widerstände in den biblischen Kanon aufgenommen und nicht den Apokryphen zugeschlagen worden war, besteht es doch aus lauter Liebes-, Hirten- und Hochzeitsliedern, die zu den schönsten Texten der Weltliteratur zählen. Einige Auszüge sollen hier die Erotik explizieren, die seit alters in allen Kulturen mit dem Topos des Gartens konnotiert ist, auch mit den Tafelbildern aus dem *Schwarzen Garten,* die Liebe, die in Heers Legende den Glockner Felix und seine fremdländische Gattin verbindet; von Sulamith heisst es im *Hohelied:*

Wie schön bist du, meine Freundin, wie schön!
Deine Augen glänzen wie Tauben
Hinter deinem Schleier hervor.
Dein Haar ist wie eine Herde Ziegen,
die vom Gebirge Gilead herabwallt.
Deine Zähne sind wie eine Herde frischgeschorener Schafe,
die von der Schwemme heraufsteigen.
[…]
Deine Brüste sind gleich zwei Böcklein,
Zwillingen der Gazelle,
die auf Lilienauen weiden.
[…]
Von Honigseim triefen deine Lippen, Braut,
unter deiner Zunge ist Milch und Honig,
und der Duft deiner Kleider ist wie des Libanon Duft.
[…]
Dein Schoss ist ein Park von Granatbäumen
mit allerlei köstlichen Früchten,
Cypertrauben samt Narden,
Narde und Safran, Gewürzrohr und Zimt
samt allerlei Weihrauchhölzern,
Myrrhen und Aloe mit den allerbesten Balsamen.
[…]
Wer ist sie, die da herabschaut wie die Morgenröte,
schön wie der Vollmond,
rein wie die Sonne,
furchtbar wie die Heerscharen?
Ich stieg hinab in den Nussgarten,
mich zu ergötzen an den Blüten im Tal,
zu sehen, ob der Weinstock gesprosst,
ob die Granaten in Blüte stehen.

Der Name Sulamith beinhaltet das semitische «Schalom», «Salaam»; er bedeutet «die Friedliebende, Friedfertige, Friedliche, die, welche Frieden, Befriedung, Befriedigung schenkt». Die Geliebte im *Hohelied* erinnert manchmal an eine Herrin der Tiere, sie erscheint als Tochter von edler Abstammung, aber auch als dunkelhäutige Hüterin eines Weinbergs. Von ihr heisst es, sodass jeder Leser sich unter ihr die Schönste, die er sich überhaupt vorzustellen vermag, auch wirklich vorstellt: «Alles ist schön an dir, meine Freundin, an dir ist kein Fehl.» So gehört die Sulamith aus dem *Hohelied* in die Reihe der aufgrund ihrer unübertrefflichen Schönheit besungenen Frauenfiguren; sie ist eine vorderorientalische Helena, eine archaische Isolde, eine palästinensische Beatrice oder Laura, eine rurale Suleika, eine frühe Nubian Queen.

In Heers Legende, der rund 70 Jahre nach ihrer Publikation durch die Zuwanderung eine ungeahnte Aktualität zuwächst, nennt das Volk Sulamith wegen ihrer schwarzen Haare die Schwarze und den Garten, den sie hinter dem Haus ihres Gatten Felix pflegt, den schwarzen Garten. Nach einer Pest bezichtigt das xenophobe Volk die Schwarze der Schuld daran: «So munkelte und brodelte erst verhalten und versteckt die Schuldbezichtigung von fern um Sulamiths Garten; nach und nach wurde sie verwegener und lauter und umkreiste dann rasch die Mauerpfeiler des Hauses, gleich dem steigenden Wasser, das aus einer geöffneten Schleuse bricht und anschwillt und zur vernichtenden Überschwemmung überbordet. Eine solche Flut von Anwürfen befreite die Nachwehen des Elends von der Fessel eines lähmenden Bannes endgültig. Sie wirkte und tobte sich schliesslich zügellos gegen Sulamiths Leben unmittelbar aus, sich im Wirbel um sich selber drehend und zugleich weitergerissen von der Verwirrung der Vorstellungen, wie eine schwarze Seele in ihrem schwarzen Garten den schwarzen Künsten verfallen sei und daher die schwarze Pest heraufbeschworen habe, indes die Betroffene selbst nicht ahnte, mit welcher Gefahr die abgründige und wahrhaft nächtige Schwärze des menschlichen Wahns sie langsam und unaufhaltsam bedeckte.»

Relevant in unserem Zusammenhang sind an dieser Stelle die mancherlei Konnotationen, die Heer der Farbe Schwarz beimischt: Magie, Krankheit und seelische Abgründe. Auch Wizemann spricht, wenn es um die Malerei geht, von der «Alchemie der Farben», von Melancholie und dunkler Sehnsucht – freilich im Unterschied zu Heer jenseits von Gut und Böse, ohne moralische Wertung und ohne Satansglauben; Malerei als Magie, als alchemistisches Unterfangen, als Versuch, den Stein der Weisen zu finden. Der Alchemist arbeitet im Labor, der Maler im Atelier, der Alchemist mit Stoffen, der Maler mit Farben. Günther Wizemann hat in der mehrteiligen Arbeit *Chroma* die Palette seiner «Alchemie der Farben» offengelegt; sie entstand von 2002 bis 2012, also zum Teil parallel zum *Schwarzen Garten. Chroma* besteht aus lauter grossformatigen Bildern, einerseits sind sie monochrom, andererseits zeigen sie sieben rechteckige Farbfelder auf weissem Grund. Letztere sind aus der Papierarbeit *Colorado* (1988–1990) hervorgegangenen. Aus der Werkgruppe *Chroma* ist die in unserem Kontext relevanteste Arbeit jene mit den sieben schwarzen Rechtecken, wobei jedes Rechteck ein anderes Schwarz aufweist.

Die Problematik des Rassismus, die Heers Legende vorantreibt, ist mit der Farbe Schwarz auch durch die Black-Power-Bewegung und deren Slogan «Black is beautiful» verquickt. Der Band *12 Million Black Voices* (1941) von Richard Wright, dem Autor von *Native Son* (1940), steht in der politisch inkorrekten Übersetzung *Wir Neger in Amerika* (Büchergilde Gutenberg, Zürich 1948; Typografie Richard Paul Lohse), die später durch *Schwarz unter Weiss fern von Afrika* ersetzt wurde, seit Langem in der Bibliothek des Malers.

In Heers Legende kann im letzten Augenblick das durch den Reichsvogt verhängte Gottesurteil von den Liebenden abgewendet und die Unschuld des zuerst vom Mob, dann vom Gericht bedrohten Paares bewiesen werden. Felix und Sulamith können schliesslich ein unbeschwertes Leben im Haus zum schwarzen Garten führen: «Sulamith aber verliess das Haus und den Garten kaum mehr, der wohl noch immer der ‹schwarze Garten› hiess, aber nun in einem geheimnisvollen und edlen Sinne, als bedeute er die sternenklare Nacht der Heilsamkeit.»

Die Farbe Schwarz kann etwas Schmutziges, ja Unheimliches haben – denken wir nur an den Begriff Série noire oder an die Verquickung der Farbe mit der Welt der Schauerromane, der Gothic novels. Aber die Farbe Schwarz kann auch etwas Erlesenes, Edles haben – denken wir nur an die chinesische Koromandel- oder Perlmutt-Lackmalerei! Etwas von diesem Edlen, Aristokratischen, Ehrfurcht vor der Qualität Gebietenden strahlen auch die Tafelbilder von Wizemanns *Schwarzem Garten* aus. «Der Mensch kann Demokrat sein, der Künstler halbiert sich und muss Aristokrat bleiben», notierte Stéphane Mallarmé einmal; Günther Wizemann ist Aristokrat – nicht von der Herkunft her, aber von der Haltung. Dabei kommen seine Arbeiten ohne jede sakrale Überhöhung, aber auch ohne jeden Pomp aus, wirken völlig natürlich im Raum, wie ein Fenster mit geschlossenen Läden, ein dunkler Wandschirm oder ein flacher, schwarz lackierter japanischer Tisch. Hokusai (1760–1849), dem Wizemann 1986 den manganblauen *Strich für Hokusai* gewidmet hat, unterschied «ein Schwarz, das alt, und ein Schwarz, das frisch ist». Hokusais Bemerkungen zur Farbe Schwarz schärfen die Sinne für die Wahrnehmung ihrer Nuancen; er erläutert: «Es gibt ein Schwarz, das alt, und ein Schwarz, das neu ist. Leuchtendes Schwarz und stumpfes Schwarz, Schwarz im Sonnenschein und Schwarz im Schatten. Für das alte Schwarz muss man eine Beigabe von Blau verwenden, für das stumpfe Schwarz eine Beigabe von Weiss, für das leuchtende Schwarz muss Harz hinzugefügt werden. Schwarz im Sonnenschein muss graue Reflexe abgeben.» Wizemanns Schwarz ist frisch, leuchtend, ihm ist Harz beigemischt, und sein Schwarz erzeugt im Sonnenschein graue Reflexe. Weiteres liesse sich beobachten. Der *schwarze Garten* würde sich gut dazu eignen, eine Phänomenologie der Farbe Schwarz zu entwerfen. Und eine Metaphysik, indem man Denkansätze einbrächte wie Laotses Satz «Das Tao ist unklar und dunkel», den Ad Reinhardt so oft zitiert hat, oder die Gottesdefinition XXI aus dem *Buch der 24 Philosophen,* das Kurt Flasch herausgegeben hat: «Gott ist die Finsternis in der Seele, die zurückbleibt nach allem Licht.» Im Kontext der metaphysischen Aufladung der Farbe Schwarz kann zudem auf die Bedeutung der Kaaba hingewiesen werden, des schwarzen Kubus in Mekka, sowie des Hadschar, des silbern eingefassten schwarzen Steins an der östlichen Ecke der Kaaba, der Startecke für deren siebenfache Umkreisung durch die Pilger. Abraham (Ibrahim) soll den Hadschar aus den Händen des Erzengels Gabriel (Dschibril) empfangen haben, als Geschenk aus dem Paradies. Und Mohammed selbst soll ihn, im friedlichen Verbund mit vier Stammesfürsten und zur Schlichtung ihres Streits, in die Kaaba eingefügt und geküsst haben. «Er besteht aus einer Zementverkittung von drei grösseren und mehreren kleineren, verschieden geformten, früher aus einem Stein bestehenden Stücken Basalt oder Lava, die von einem silbernen Ring von ca. 0,75 m Durchmesser umschlossen werden. Vom rituellen Küssen des schwarzen Steins durch die Pilger ist dieser blank poliert und so weit ausgehöhlt, dass der Kopf eines Menschen diese Öffnung völlig ausfüllt», präzisiert das *Islam-Lexikon.* Derek Jarman lag also völlig richtig, als er in *Chroma* bemerkte: «Hinter dem grünen Zentrum der moslemischen Welt liegt der schwarze Stein – der Hadschar.»

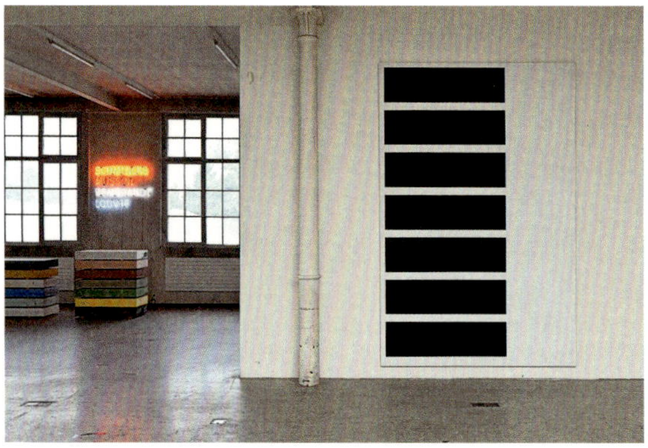

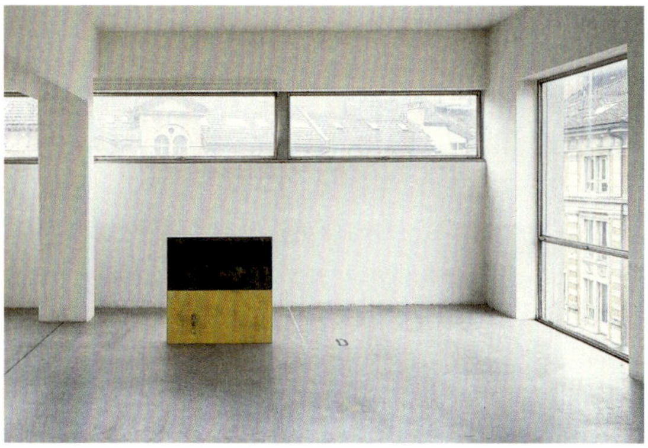

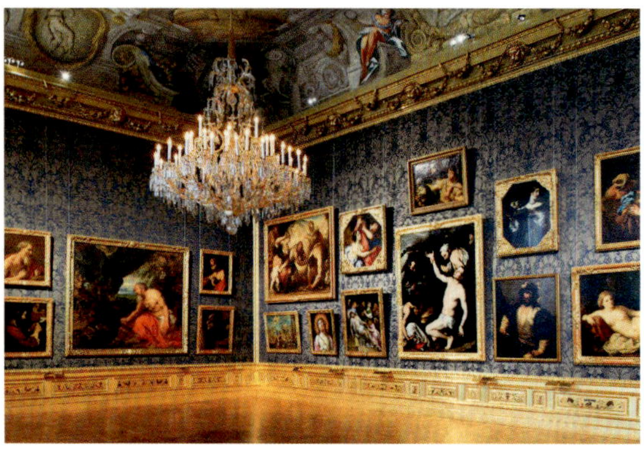

Atelier Günther Wizemann, *Chroma,* 2003
Ausstellung *Günther Wizemann, Mayflower,* Galerie Susanna Kulli, 1994
Belvedere Museum, Wien, *Rembrandt – Tizian – Bellotto*

Um den metaphysischen Plateaus der Farbe Schwarz noch ein, zwei weitere hinzuzufügen, liesse sich an den dunklen Urgrund allen Seins, die Finsternis des Tohuwabohu, das mütterliche Chaos, das jeder Schöpfung vorausgeht, denken. Oder, parallel dazu, an die Prima Materia der Alchemisten, die Nigredo («Schwärzung»), auch als Sol Niger («Schwarze Sonne») bezeichnet, die erste Hauptstufe des Opus magnum, der Hervorbringung des geheimnisvollen Steins der Weisen, des *Lapis philosophorum occultus.* Dieser erste Schritt des alchemistischen Prozesses heisst auch Putrefactio («Fäulnis, Verwesung, Gärung»): «Ohne vorangegangene Putrefaction gibt es keine neue Schöpfung, kein neues Leben kann entstehen ohne den vorgängigen Zerfall. Mittels der Putrefaction wird die Wurzelfeuchtigkeit in reinster Form freigelegt, und mit deren Hilfe kann der Alchemist zu neuen Taten schreiten. Schwarz, absolutes, dunkelstes Schwarz, die Farbe, die keine Farbe ist: Das ist die Farbe der Putrefaction. Und der kohlrabenschwarze Rabe ist genau deshalb ihr Symboltier», erläutern Rudolf Gamper und Thomas Hofmeier das *Alchemiehandbuch des Appenzeller Wunderarztes Ulrich Ruosch* aus dem 17. Jahrhundert. Interessant ist, dass die Alchemisten oft die Substanz zur Herstellung der Nigredo in Pferdemist einpackten und vergruben, sie also wie in einem Grab sterben liessen, um auf einer höheren zweiten Stufe die Wiedergeburt ihres Geistes zu ermöglichen – farblich symbolisiert in der Albedo («Weissung»), der zunehmenden Aufhellung der Nigredo bis hin zum vollkommenen, makellosen Weiss. Vor diesem Hintergrund liessen sich manche Bilder aus Wizemanns *Schwarzem Garten* als verschiedene Grade der Albedo meditieren.

Vom Glockengiesser Felix heisst es in Heers Legende einmal: «Die Hand des Glockners blieb eine Weile auf dem Bildwerk liegen, und er empfand eine stille Wehmut im Herzen; denn jedes vollendete Werk, so sehr es ihn auch mit Freuden und Genugtuung erfüllte, glich einem Stück seines eigenen Menschentums, von dem zu trennen, das hinzugeben auch eine gewisse Schmerzlichkeit bereitete.» Günther Wizemann empfindet diese kauzige Schmerzlichkeit gegenüber seinen Arbeiten auch – «der grosse Hoffmann» (Baudelaire) hat sie in der Figur des René Cardillac aus der Erzählung *Das Fräulein von Scuderi* (1819) pervertiert, wenn sie den Goldschmied dazu treibt, die Käufer seiner Schmuckstücke umzubringen, um wieder in deren Besitz zu gelangen.

Wizemanns letzte Einzelausstellung fand 1994 statt, danach folgten kaum mehr Öffentlichkeitsauftritte, von der Teilnahme an vereinzelten Gruppenausstellungen abgesehen, u. a. für die Stiftung für konkrete Kunst, Reutlingen. Es folgte vielmehr stilles, nachdenkliches, ruhiges Arbeiten über Jahre und Jahrzehnte – völlig jenseits des Kunstbetriebs. Bis in die Mitte der 1990er-Jahre hatte Wizemann regelmässig ausgestellt, vorwiegend bei der Galeristin Susanna Kulli. Dort bewegte sich Wizemann in einem Umfeld, das Künstler wie John Armleder, Helmut Federle, Gerhard Merz, Olivier Mosset oder Gerwald Rockenschaub prägten. Die Arbeiten des Malers aus dieser Zeit hatten etwas Strenges, austariert Geometrisches, Konstruktives. Es ging ihm in dieser Phase um definierte Farbflächen, um die Intensivierung von Klarheit und Präzision im Raum, um Mass, Proportion, Farbe, Licht. Ende der 1980er-Jahre entstanden Wizemanns Gipsarbeiten *Mayflower,* die als Skulpturen zwar die eben genannten Kriterien erfüllen, auf den Farbflächen der Gipsblöcke jedoch der Farbe und dem Material inhärent Malerisches zulassen: Verwischungen, Schlieren, Schleifspuren. Insofern läuten die Gipsarbeiten, die an Cargo, Container, Häfen erinnern und Seeluft wittern, eine Wende im Schaffen Wizemanns ein, welche gerade noch öffentlich sichtbar wurde. Darauf folgten, neben diversen einzelnen Bildern, die Werkgruppen *Chroma, Natura Morta – Camellia* und *Der schwarze Garten.*

In New Mexico, Taos, der Landschaft, in der Agnes Martin (1912–2004) lange gelebt und gearbeitet hat, entstand nicht nur der Entwurf für *Himmel über Moriarty,* sondern auch derjenige für ein wichtiges Bild im Vorfeld des *Schwarzen Gartens:* das Ölbild *Martinez Hacienda* (1990/1991). Es zeigt den Grundriss der Hacienda, ihren doppelten Innenhof, zwei Quadrate, die je einen Garten bergen könnten; und es zeigt die Buchstaben E und liegendes T, wodurch es an ältere Arbeiten von Wizemann mit verschiedenen Zeichenthemen anschliesst. Zugleich bewegt es sich in dem von dem Maler früh formulierten Feld: «Ich ziehe eine Linie, die Grundlinie. Ich ziehe eine horizontale und eine vertikale Linie.» Doch aufgrund der Farbwahl und der Technik weist die *Martinez Hacienda* auf den *Schwarzen Garten* voraus. So stellt dieses Gemälde eine Scharnier-, eine Gelenkstelle in der Entwicklung von Günther Wizemanns Werk dar. Und es enthält leuchtendes Schwarz, spiegelt also die Vorgänge im Raum.

Doch das eingangs verhandelte Thema spiegelnder Oberflächen tritt schon früh in Wizemanns Schaffen auf, so in der blechgrauen, mit Asphalt aufgerauten Oberfläche von *Roter Stern Belgrad* aus dem Jahr 1978, einer Auseinandersetzung mit der slawischen Herkunft des Künstlers, und in den beiden Spiegelarbeiten in der Kartause Ittingen von 1981. Aus dem Jahr 1989 stammen drei kleine Monochrome, deren glatte Oberflächenbehandlung sich rückblickend ebenso als Vorstufe zum späteren schwarzen Zyklus herausstellt – ein tiefblaues, ein braunes und ein schwarzes Bild.

Heute, nach Jahren im Tessin, arbeitet Wizemann wieder in einem Fabrikgelände am Bodensee. Im Tessin bewohnten Eva und Günther Wizemann von 1998 bis 2002 eine Ikone des Architekten Richard Neutra (1892–1970), die Casa Bucerius aus den 1960er-Jahren, im Val Resa 530 Meter über dem Lago Maggiore gelegen. In der Antica Sala degli Orelli zu Locarno befand sich damals Wizemanns Atelier, im Neutra-Haus der Moderne sein «Denkstudio». In dieser Villa sind tagtäglich optisch reizvolle Spiegelungen in den «reflecting pools» (ein grosses Thema Neutras) zu sehen. An den Terrassenrändern verstellt kein Geländer den Blick auf das Panorama, sondern breite, flache Wasserstreifen markieren die Grenze. Darin spiegelt sich das ständige Spektakel des Himmels, die Transformationen der Wolken, der Wechsel des Tageslichts … Et quand il pleut …

Der russische Regisseur Vsevolod Pudovkin (1893–1953) erinnert sich: «Irgendwann im Sommer 1930 war ich auf einer Sitzung im Haus der Arbeit. Die Arbeit endete. Auf der Strasse ging schwerer Regen und man musste ihn abwarten. Im Zimmer sitzend, schaute ich auf das Fenster, das zum Garten geöffnet war, und beobachtete, wie grossartige mächtige Wasserstrahlen, gleichmässig und ruhig, an das steinerne Fensterbrett schlugen. Aufwärts, nicht sehr hoch, sprangen die runden Tropfen, mal grosse, glänzend und sich übergiessend, mal feine, in der Luft verschwindend. Sie bewegten sich, heranfliegend und fallend in vielfältigen Krümmungen und einem komplizierten, aber klaren Rhythmus. Manchmal vereinigten sich einige Strahlen zu einem. Das Wasser schlug an den Stein, warf sich in einem durchscheinenden Fächer auseinander, fiel, und erneut sprengten grosse runde Tropfen heran, kreuzten sich mit den feinen auseinanderfliegenden Spritzern. Erstaunlicher Regen! Ich schaute ihn nicht nur an, sondern empfand in aller Fülle seine Frische, seine Nässe, seinen herrlichen Überfluss. Ich fühlte mich in ihn versenkt. Er ergoss sich auf meinen Kopf, meine Schultern. Die Erde hatte bestimmt schon aufgehört, ihn aufzunehmen, überfüllt bis an die Ränder. Der Regen endete, wie das im Sommer öfters geschieht, fast plötzlich, seine letzten Tropfen schon in der Sonne verlierend. Ich kam aus dem Haus, ging durch den Garten und blieb stehen, um einen Menschen anzuschauen, der mit einer Sense arbeitete. […]

Die Sense versank im hohen feuchten Gras, und es legte sich, geschnitten, langsam, mit einer nicht wiederzugebenden weichen Bewegung, auf die Erde. [...] Wie erfassen, wie weitergeben diese volle und tiefe Empfindung der wirklichen Prozesse, die mich heute zweimal überfallen hatte? [...] Und plötzlich, endlich fand ich es! Ich verstand, dass der versunkene, der studierende, in sich aufnehmende Mensch in seiner Wahrnehmung in erster Linie die wirklichen räumlichen und zeitlichen Beziehungen verändert: Er nähert sich das Ferne an und bremst das Schnelle.»

Die Erfahrung, die Pudovkin, der Autor des berühmten Revolutionsfilms *Die Mutter* (1926), hier mit erschlossenen Sinnen festhält, bietet ein taugliches, federndes Sprungbrett zur Einstimmung auf Wizemanns frühes Ölbild *Il pleut* (1979/80; aus dieser Zeit stammt auch eine El Lissitzky gewidmete Papierarbeit, das Tropfbild *Pelikan 140,* denn auf dem eleganten Blatt findet sich am Rand der handgeschriebene Lapidarsatz «il pleut»). Kommt Wizemann doch zu einem guten Teil aus der Tradition, welche die moderne russische Avantgarde initiiert hat: Malewitsch, Tatlin, Rodtschenko sind seit eh und je Leuchttürme für diesen Maler. Es war allerdings nie das Formale allein, das ihn an der russischen Avantgarde faszinierte, vielmehr war es stets auch das sinnliche Moment, das mit der Abstraktion verbunden sein muss, damit sie lebendig wirkt und nicht kalt, leer, tot. Das Timbre ist mindestens so wichtig, die Schwingung, welche arrangierte Farbflächen im Raum hervorrufen, der Atem eines Bilds, seine Aura – «das Opium», wie Wizemann es nennt. Deshalb passt Paul Valérys Wendung vom «mathematischen Opium» wie keine zweite zu seiner Kunst!

Anfang der 1970er-Jahre besuchte Wizemann die Kunstgewerbeschule in Zürich und studierte bei Hans Rudolf Bosshard, dessen Unterricht nicht nur sein Spezialgebiet Typografie, sondern auch Kunstgeschichte, Malerei, Fotografie und Architektur umfasste. «Die Begegnung mit ihm, einem Meister seiner Fächer, war prägend», sagt Wizemann über seinen Freund HRB. Nach dem Studium der russischen Moderne stellt sich die Frage, was nach Malewitschs *Schwarzem Quadrat* oder nach Rodtschenkos *Triptychon* noch gemalt werden kann. Mario Merz' bienenwachsverstrichene Aluminiumschale mit der auf Lenins Hauptwerk *Was tun?* (1902) beziehungsweise auf Tschernyschewskijs im Gefängnis geschriebenen Roman *Was tun?* (1863) verweisenden Leuchtschrift *che fare?* aus dem Jahr 1968 wurde auch für Wizemann programmatisch: Was machen, was tun? Oder wie Barnett Newman es formulierte: «What to paint?» Diese Frage, die in die Apathie oder aber durch den Nullpunkt hindurch zu einer Schöpfung, einer Kreation, führen kann, stellt sich ihm immer wieder. 1979/80 war *Il pleut* eine mögliche Antwort. Der Titel des Ölbilds nennt in Klammern seine Referenzgrösse aus der Moderne: Guillaume Apollinaire. Apollinaire (1880–1918) hat das Kalligramm *Il pleut* erstmals 1916 in der Zeitschrift SIC veröffentlicht, dann 1918 in seinen *Calligrammes – poèmes de la paix et de la guerre 1913–1916:*

Es regnet Stimmen von Frauen als wären sie tot selbst in der Erinnerung
auch euch regnet es, wundersame Begegnungen meines Lebens, o Tröpfchen
und diese sich aufbäumenden Wolken lassen sich dazu hinreissen, ein
ganzes Universum von Städten aus Ohrmuscheln zu wiehern
horch ob es regnet während die Reue und die Verachtung eine alte Musik weinen
horch die Orte fallen die dich zurückhalten oben und unten

Mit Apollinaires Kalligrammen geschieht ein unerhörter Durchbruch zur Befreiung des Worts von der Zeile, eine raffinierte Verschmelzung von Signifikant und Signifikat, bei welcher die bezeichnende Sprache so auf der Seite angeordnet ist, dass sie zugleich darstellt, was sie bezeichnet! Ein Volltreffer, ein Vorläufer der Konkreten Poesie, zweifellos.

Il pleut. Es regnet. Im Französischen ist das Pronomen männlich, im Deutschen sächlich: Das Es, das wir gewohnt sind, in Feststellungen wie «Es schneit», «Es blitzt» oder «Es donnert» zu verwenden, meint die Natur, aber, genau besehen, die Natur in ihrer gewaltigen, den Menschen übersteigenden numinosen Kraft, wie sie in vielen Kulturen verehrt wird. Im Regen verbindet diese Kraft, frucht- und lebenspendend, Himmel und Erde.

Das Festhalten von Regentropfen unternimmt eine Verstetigung des Augenblicks ihres Fallens und Aufschlagens. Der Regen verkörpert die fliessende Zeit. In Apollinaire weckt der Regen Erinnerungen, Erinnerungen an Frauenstimmen, Begegnungen, eine alte Musik... Und welche Erinnerungen versammelt Günther Wizemanns *Il pleut*? Welche sein *Schwarzer Garten* erst? Je nachdem kann der Betrachter in diesen schwarzen Arbeiten sich selbst und seinem Schatten begegnen. Über eine solche Begegnung hat Friedrich Nietzsche (1844–1900) in *Der Wanderer und sein Schatten*, im zweiten Band von *Menschliches, Allzumenschliches,* eine Handvoll Sätze hingeworfen, mit denen nun der Leser aus dieser Ausschweifung entlassen und die Türe still geschlossen wird: «Du wirst es wissen, ich liebe den Schatten, wie ich das Licht liebe. Damit es Schönheit des Gesichts, Deutlichkeit der Rede, Güte und Festigkeit des Charakters gebe, ist der Schatten so nötig wie das Licht. Es sind nicht Gegner: sie halten sich vielmehr liebevoll an den Händen, und wenn das Licht verschwindet, schlüpft ihm der Schatten nach.»

Il pleut des voix de femmes comme si elles étaient mortes même dans le souvenir
c'est vous aussi qu'il pleur merveilleuses rencontres de ma vie ô gouttelettes
et ces nuages cabrés se prennent à hennir tout un univers de villes auriculaires
écoute s'il pleut tandis que le regret et le dédain pleurent une ancienne musique
écoute tomber les liens qui te retiennent en haut et en bas

Guillaume Apollinaire: *Calligrammes,* 1916

Il pleut, 1979/1980
Öl und Kunstharz auf Leinwand, 73×50 cm

Für Ad Reinhardt (Number 4), 1990
Öl auf Leinwand, 300 × 150 cm

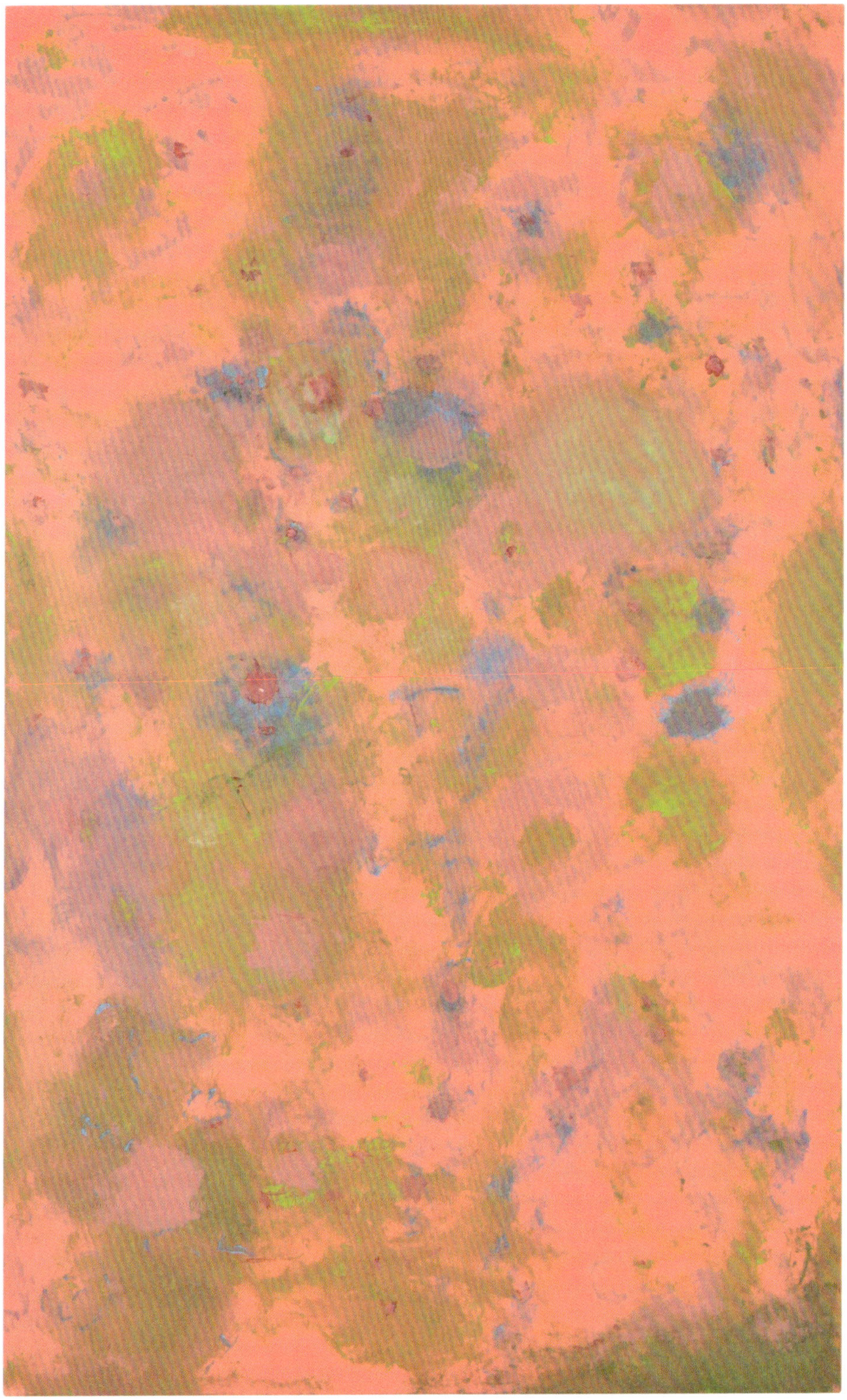

Fallen mir graue Schriftsteller ein? Beckett womöglich. Sicherlich William Burroughs; erstens mit seinem Werk, zweitens mit seinem Auftreten. Ein Herr mit perlgrauem Hut. Grau in seiner Festung, seinem Verlies aus massgeschneiderter Eleganz. Grauer Mönch.

Eminence grise. Derek Jarman, Chroma – Ein Buch der Farben, 1995, Seite 74

Can I think of grey writers? Possibly Beckett, Certainly William Burroughs; the first in his work, the second in his presence. A gentleman in a pearl grey hat. Grey in the fortress and dungeon of sartorial elegance. Grey friar.

Eminence grise. Derek Jarman, Chroma, Vintage, London, 2000, p. 54–55

Eminence grise, 1979
Öl auf Leinwand, 73×50 cm

DER SCHWARZE GARTEN

The Black Garden

Schwarzer Mohn I (Der schwarze Garten), 2003
Öl und Kunstharz auf Leinwand, 113×70 cm

Schwarzer Mohn II (Der schwarze Garten), 2003
Öl und Kunstharz auf Leinwand, 113×70 cm

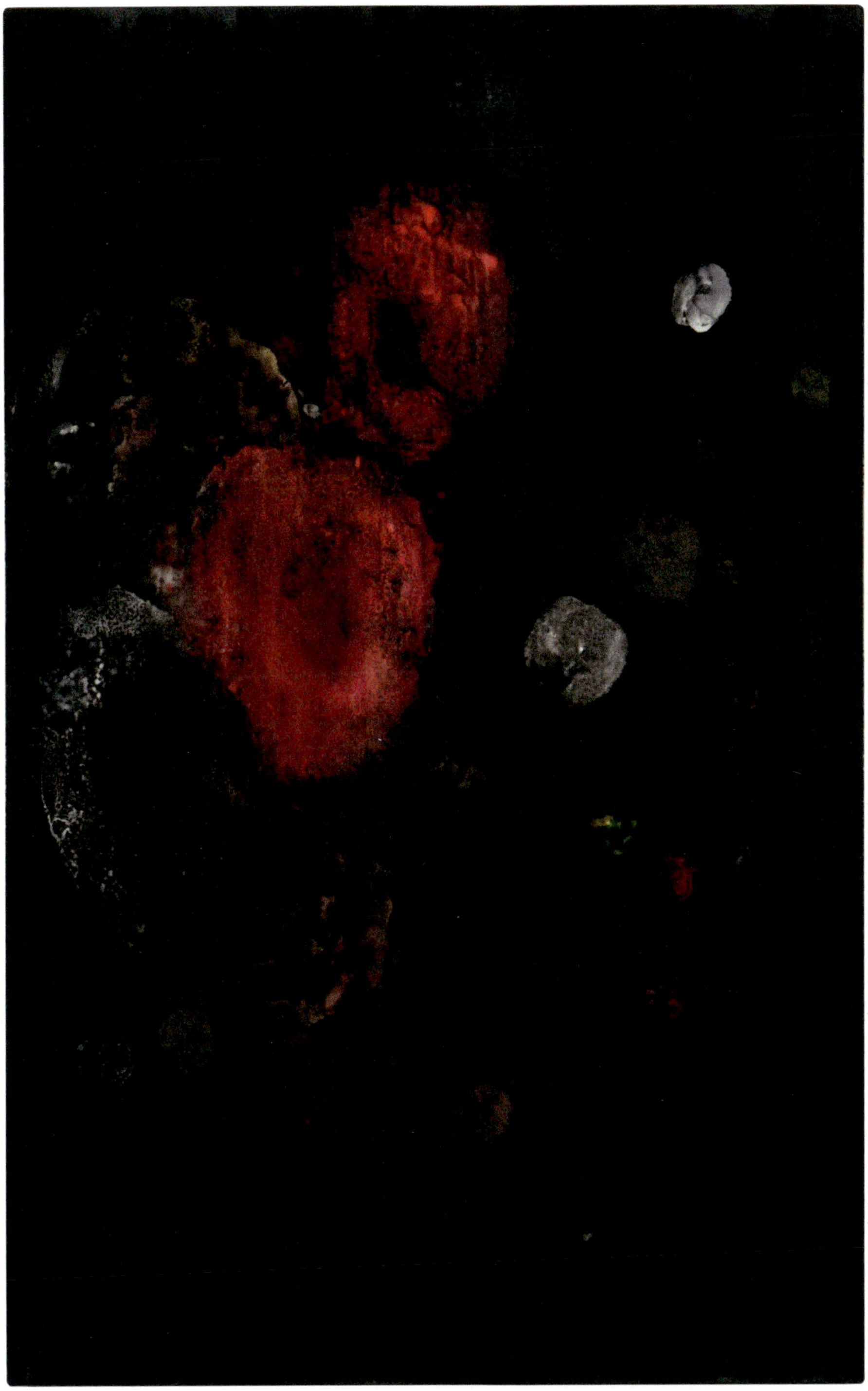

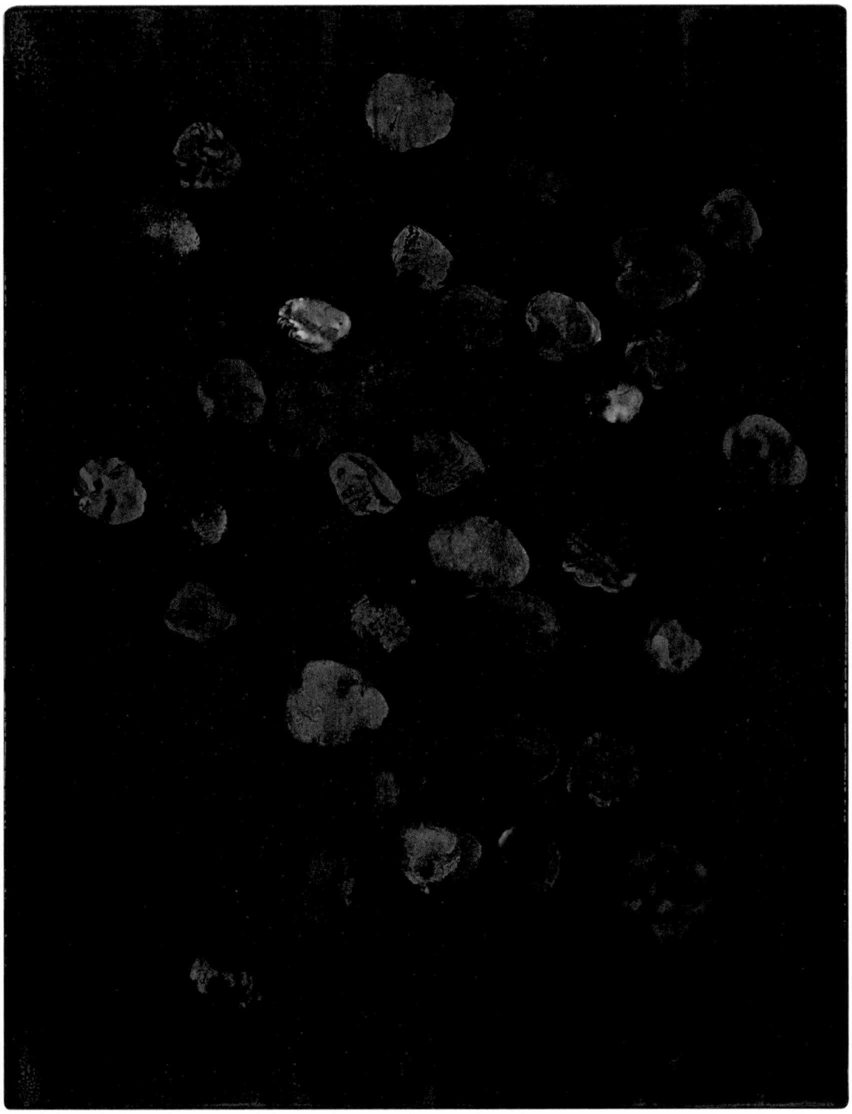

Turmalin 1 (Der schwarze Garten), 2004
Öl und Kunstharz auf Leinwand, 70 × 53 cm

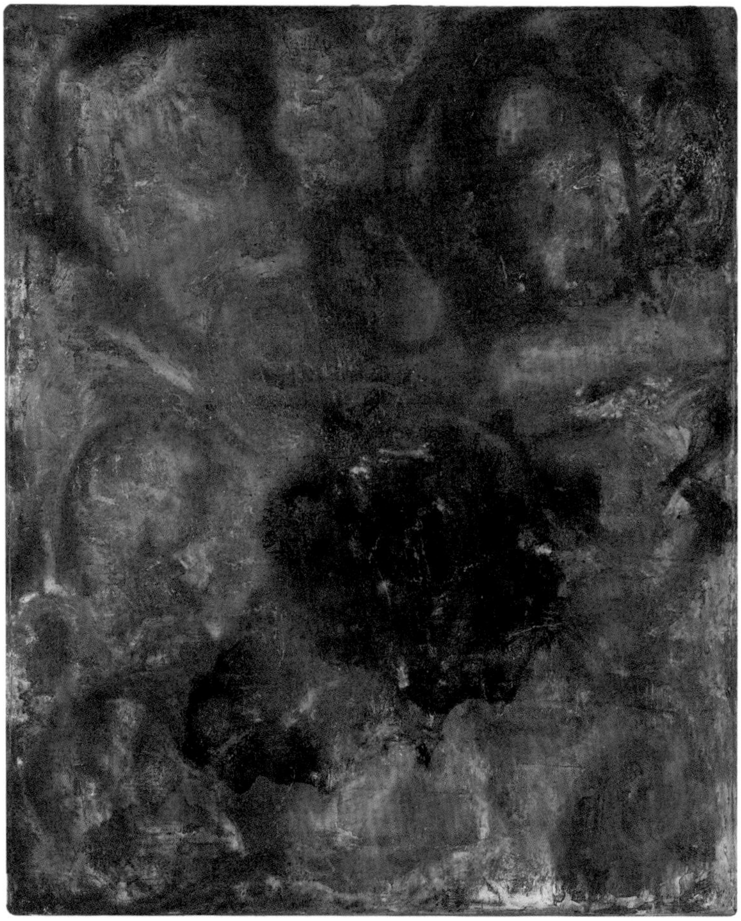

Opium II, 1977
Öl auf Leinwand, 55×46 cm

Chroma 1, 1989
Öl und Kunstharz auf Leinwand, 53×43 cm

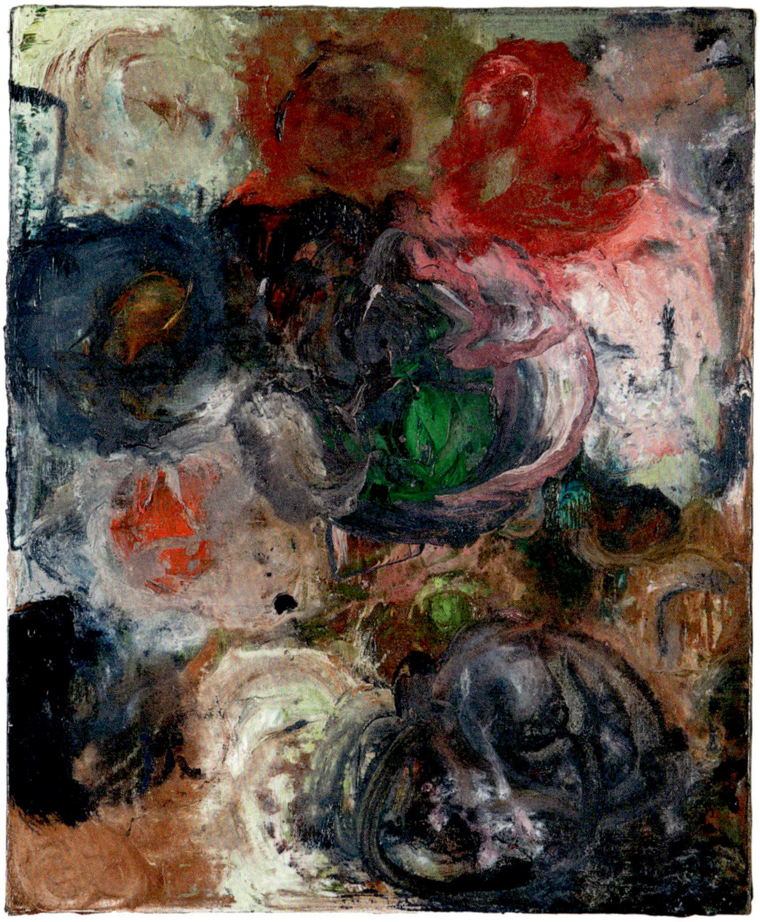

Opium I (für meine Mutter), 1977
Öl auf Leinwand, 55×46 cm

Natura morta (Der schwarze Garten), 2005
Öl und Kunstharz auf Leinwand, 113×70 cm

Ohne Titel (Der schwarze Garten), 2005
Öl und Kunstharz auf Leinwand, 70×53 cm

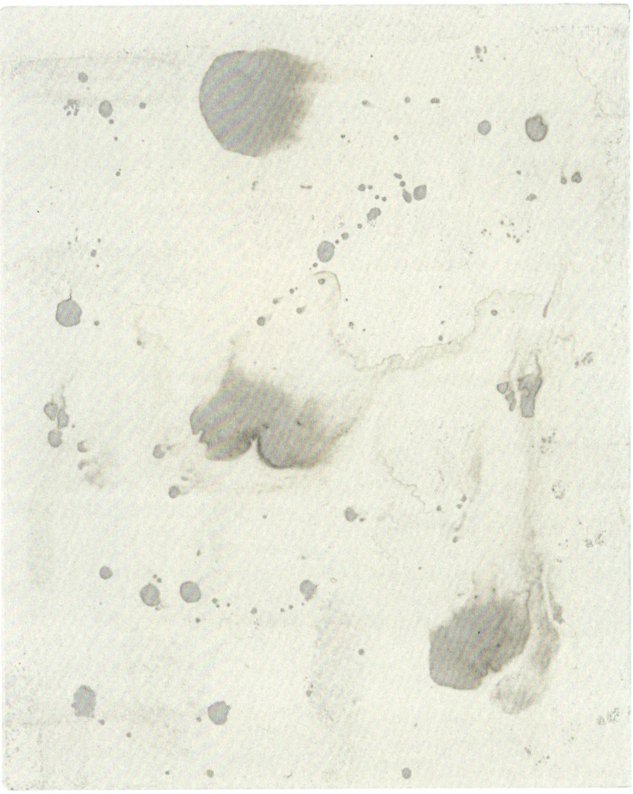

Bergmilch (Der schwarze Garten), 2009
Öl und Kunstharz auf Leinwand, 50 × 40 cm

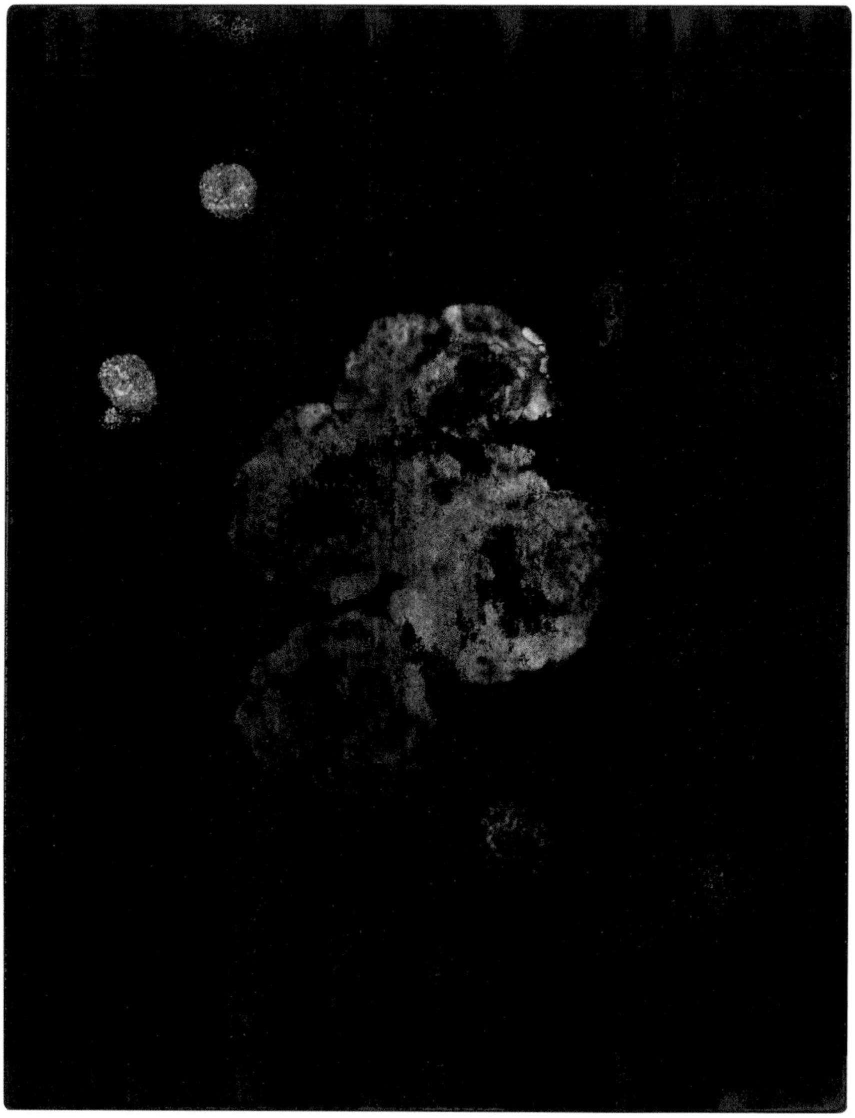

Schwarzer Diamant (Der schwarze Garten), 2005
Öl und Kunstharz auf Leinwand, 70×53 cm

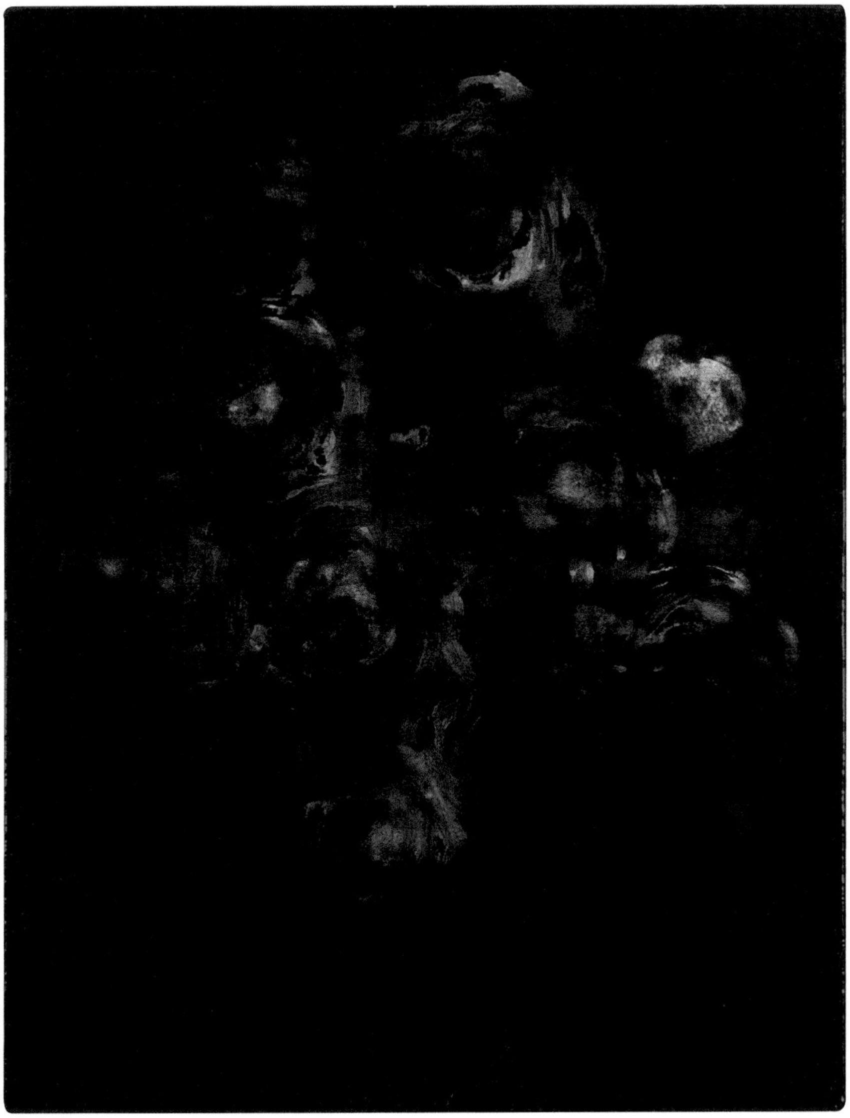

Der Aschiktänzer (Der schwarze Garten), 2005
Öl und Kunstharz auf Leinwand, 70×53 cm

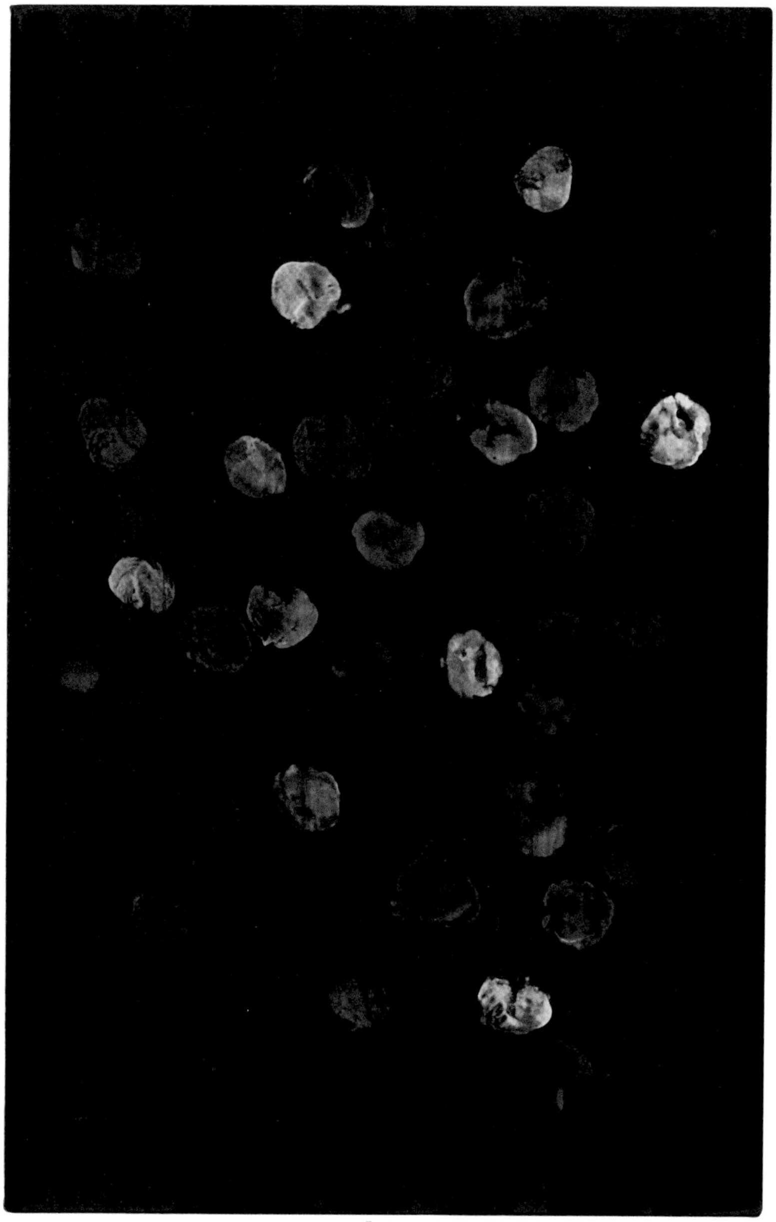

Turmalin II (Der schwarze Garten), 2006
Öl und Kunstharz auf Leinwand, 80 × 50 cm

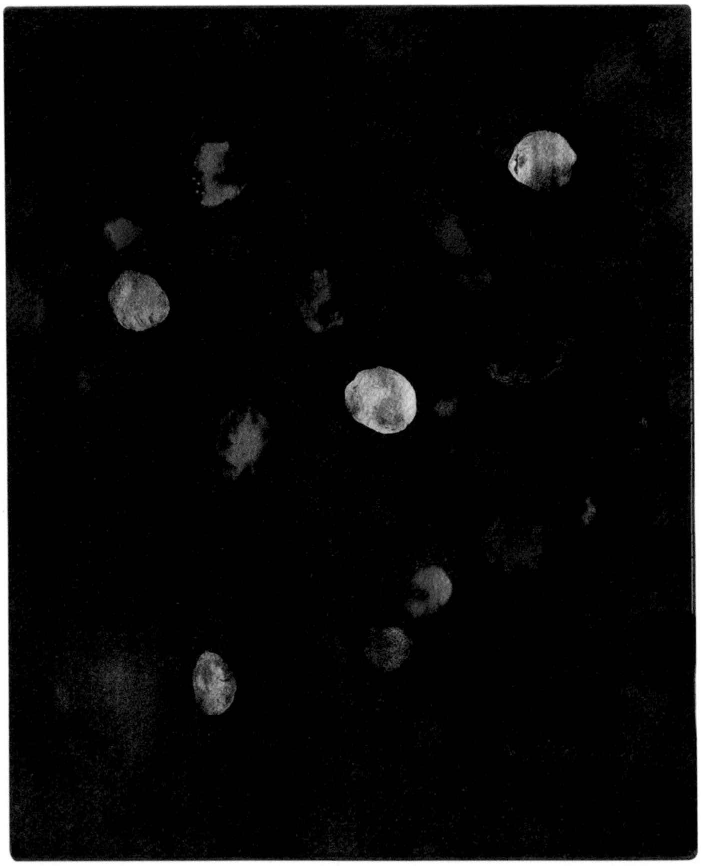

Ohne Titel (Der schwarze Garten), 2009
Öl und Kunstharz auf Leinwand, 50×40 cm

Tropfbild für Yoshi, 1979
Öl und Kunstharz auf Leinwand, 60×40 cm

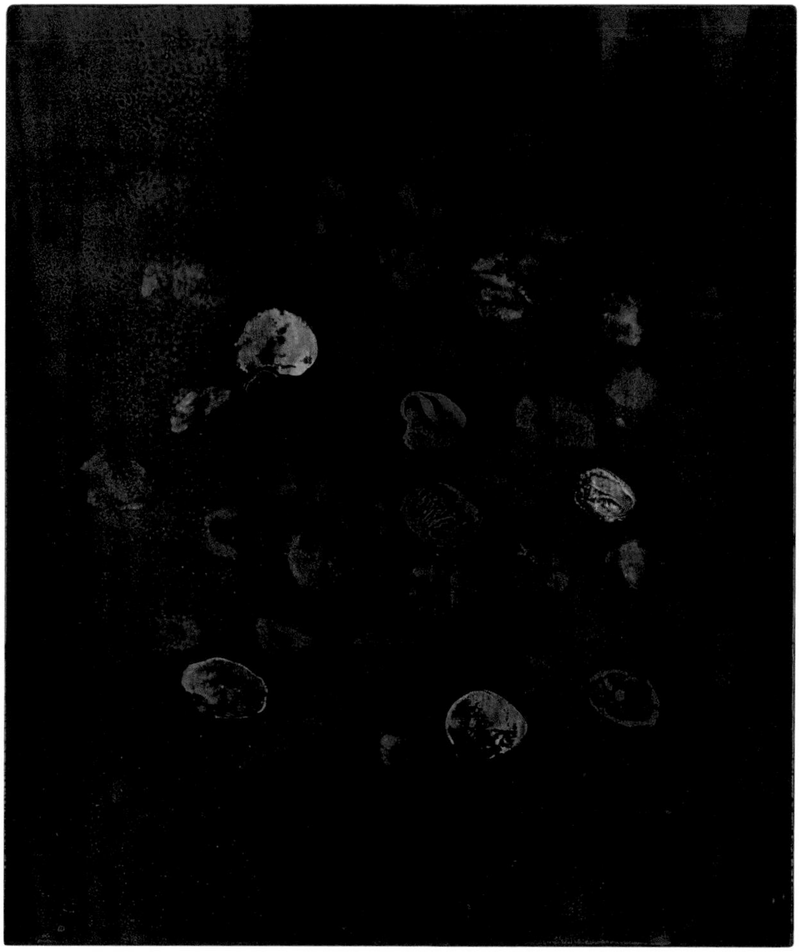

Ohne Titel (Der schwarze Garten), 2009
Öl und Kunstharz auf Leinwand, 60 × 50 cm

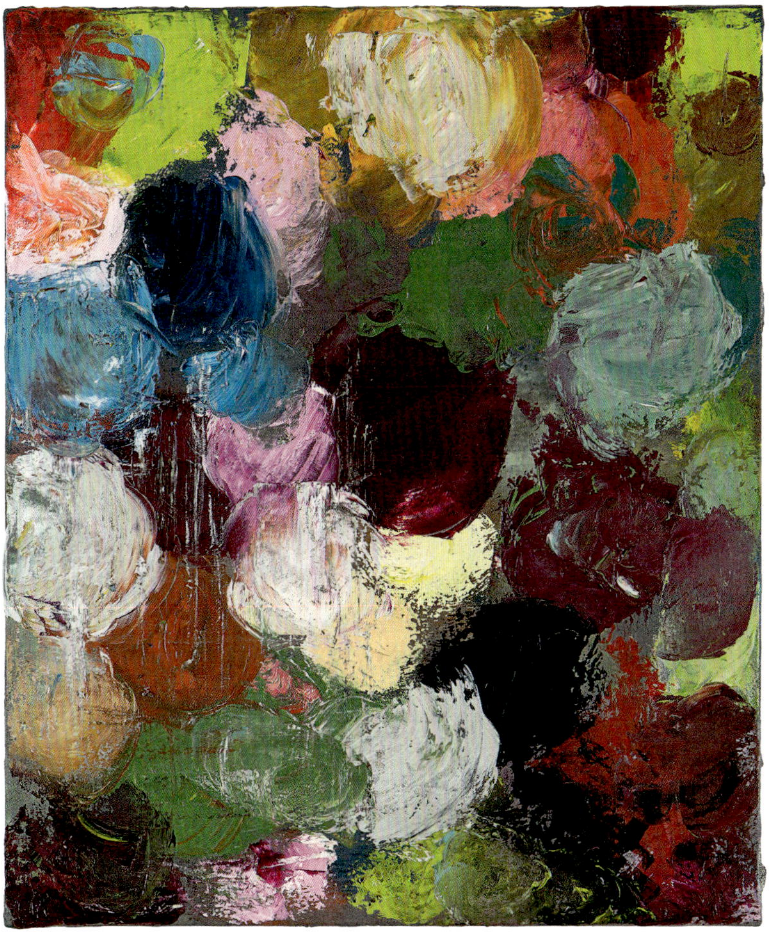

Kampf in Mais, 1976
Öl auf Leinwand, 55 × 46 cm

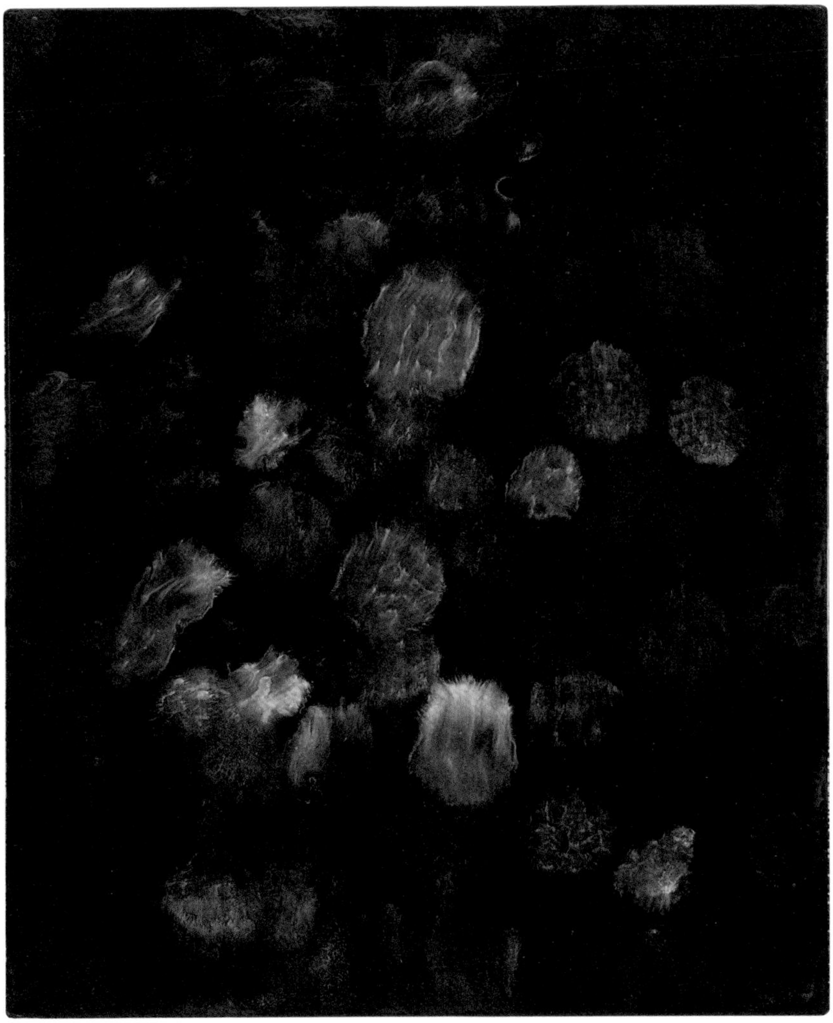

Ohne Titel (Der schwarze Garten), 2007
Öl und Kunstharz auf Leinwand, 53 × 43 cm

Kirschblütenfest am Biwasee (Der schwarze Garten), 2004
Öl und Kunstharz auf Leinwand, 100 × 50 cm

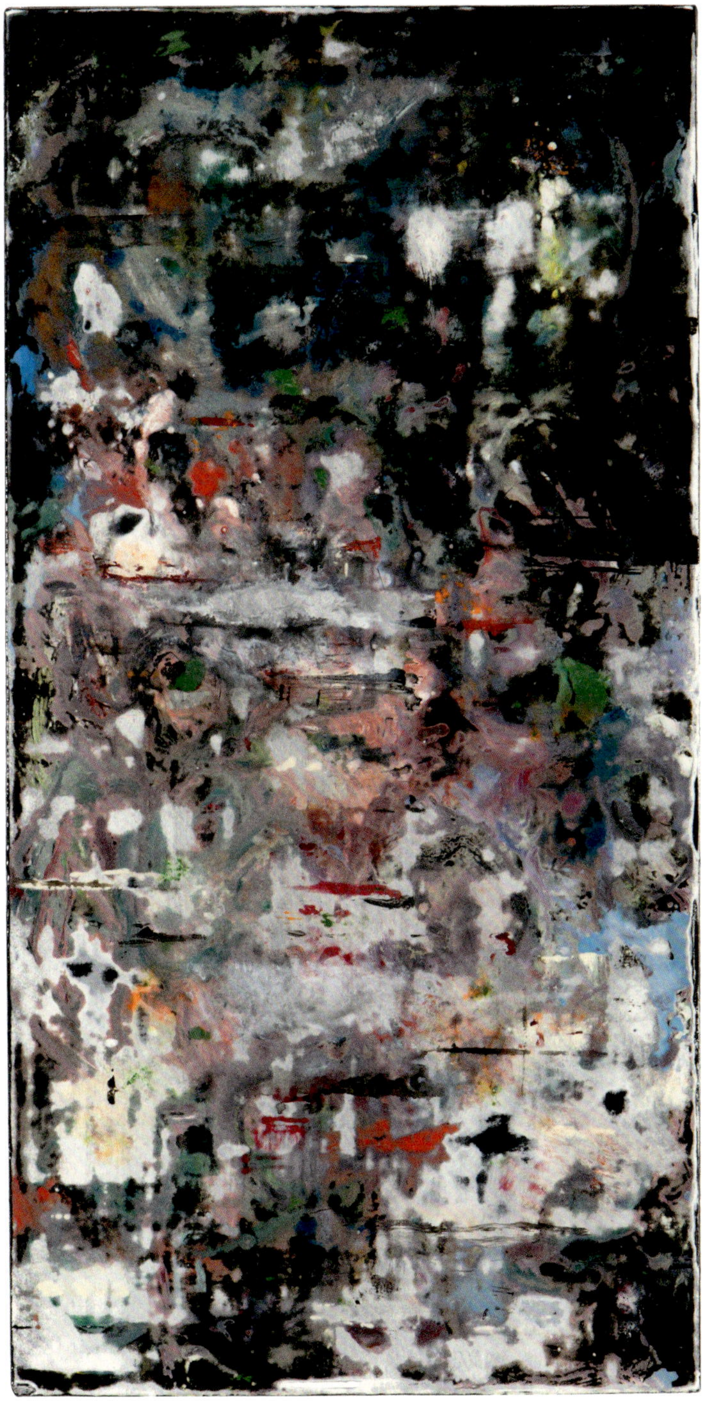

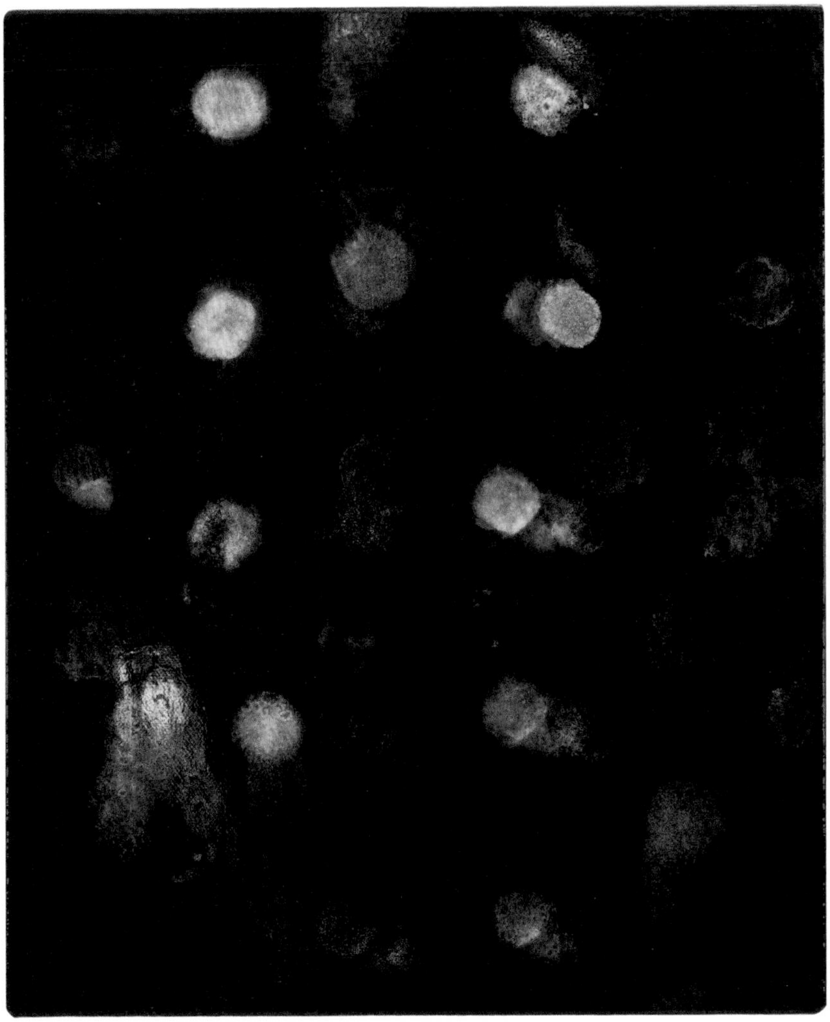

Ohne Titel (Der schwarze Garten), 2006
Öl und Kunstharz auf Leinwand, 53×43 cm

Media Luna, 1976
Öl auf Leinwand, 25×25 cm

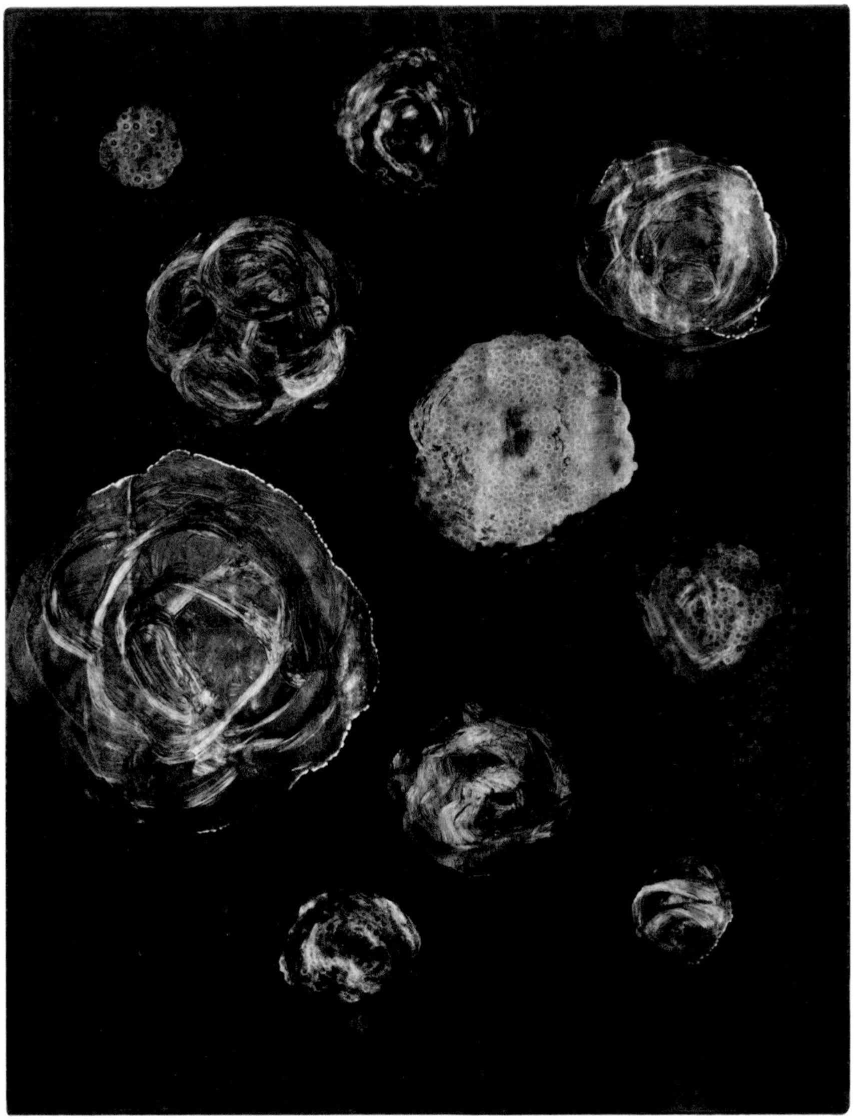

Ohne Titel (Der schwarze Garten), 2010
Öl und Kunstharz auf Leinwand, 70 × 53 cm

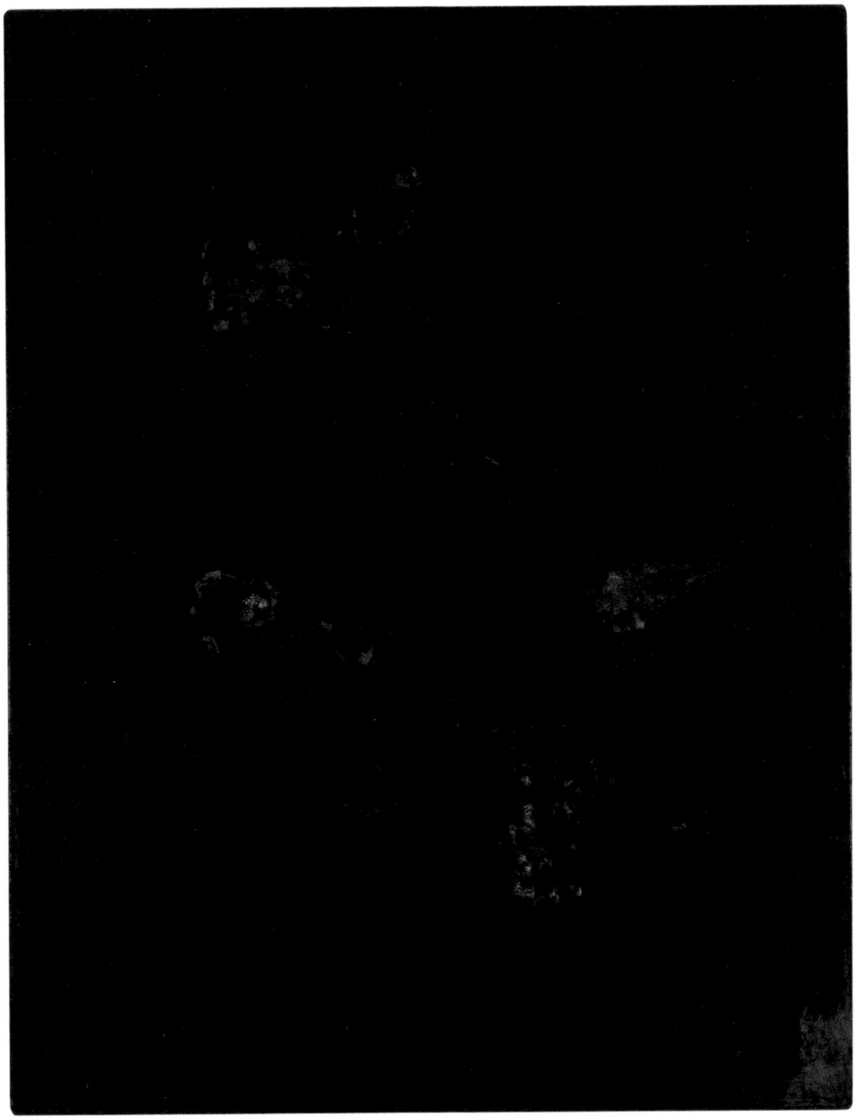

Ohne Titel (Der schwarze Garten), 2009
Öl und Kunstharz auf Leinwand, 70×53 cm

Weiss geschichtet, 1979
Öl auf Leinwand, 30×25 cm

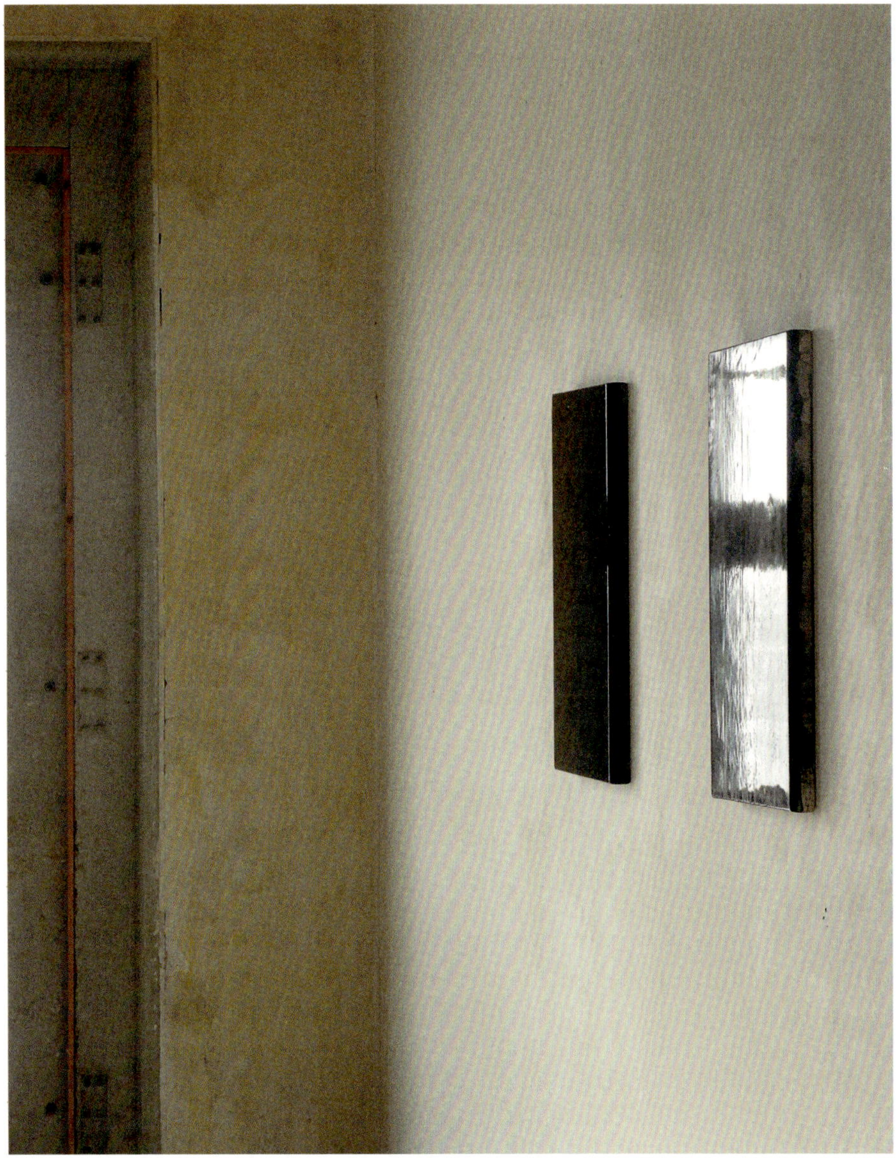

Atelier, 2013, Spiegelung, Fotografie: Günther Wizemann

Giorgia von Albertini

DER LEUCHTENDE SCHLEIER DER DUNKELHEIT

Günther Wizemann hat seine Arbeiten zum letzten Mal im Frühjahr 1994 ausgestellt. Gegenstand dieser Ausstellung in der Galerie Susanna Kulli in St. Gallen waren seine Gipsarbeiten, modulare Werke, welche die mediale Trennung zwischen Malerei und Skulptur mit sanftem Nachdruck als obsolete Formalität entlarvten. Im Gegensatz zu den ganz frühen Arbeiten Wizemanns, die gemäss der Tradition des Konstruktivismus von prädominant homogenen Oberflächen charakterisiert waren und daher nur ganz wenig Spuren vom malerischen Prozess preisgaben, waren die Oberflächen seiner Anfang der 1990er-Jahre geschaffenen Werkgruppe nun plötzlich imprägniert von einer Art Malerei. Scheu und doch bestimmt hatte sich bei Wizemann nach der konzeptuellen Phase also eine Lust an der bewegten Oberfläche manifestiert, eine Begebenheit, welche damals vom Kunsthistoriker Gerhard Mack als eine «Lockerung der bisherigen Strenge» gedeutet wurde.[1]

Dann fand ein Rückzug aus der Öffentlichkeit statt. Für einen Zeitraum von über 20 Jahren verliessen die neu bearbeiteten Leinwände nie das Atelier des Künstlers. Es folgte ein langer Zyklus der Klausur, welcher zwar durchaus von regen Schaffensperioden durchzogen war, zugleich aber auch Raum für Musse, Raum zum Denken, vor allem aber auch Raum zum Prüfen der eigenen Arbeiten mit sich brachte. Kontinuierlich wurden in einem Prozess der kritischen Revision die Gültigkeit und die Signifikanz der Bilder geprüft; dies sowohl formal, also im Einzelnen, als auch konzeptuell, das heisst im grossen Ganzen des Œuvres.

Betritt man heute Wizemanns Atelier, eine Fabrikhalle aus den 1920er-Jahren, so erfreut sich das Auge eines grossen Reichtums an Bildern, welche mittels einer durchmischten Hängung – manchmal ganz nahe beieinander, dann wieder frei atmend an einer grossen Wand oder auf dem Boden stehend und an die Wand angelehnt – verwandtschaftliche Cluster bilden. Wizemanns neue Arbeiten lassen sich in zwei grosse Werkgruppen gliedern: *Chroma* (2002–2012) und *Der Schwarze Garten* (2003–2013). Die Serie *Chroma* besteht einerseits aus monochromen Leinwänden, andererseits aus weiss grundierten Bildern, welche von der linken Bildhälfte ausgehend von sieben verschiedenfarbigen rechteckigen Farbfeldern strukturiert sind. Die in diesem Werkzyklus verwendeten Ölfarben entstammen alle der klassischen Künstler-Farbpalette und verweisen so auf ein intensives Studium der Farbe seitens des Künstlers – eine Konstante, welche für Wizemanns Werk von Anfang an ein essenzieller Antrieb war. Im Gegensatz zu *Chroma*, bei dessen Betrachtung uns die Farbe unverhohlen und vor lauter Reinheit strotzend nur so anspringt, hält sich die Farbe beim *Schwarzen Garten* vornehm im Hintergrund, nur stellenweise taucht sie aus der dunklen Tiefe hervor und manchmal ist sie, kaum erkannt, auch schon wieder verschwunden.

1 Gerhard Mack: «Bausteine für einen geistigen Raum», St. Galler Tagblatt, 1994.

Die Werkgruppe *Der schwarze Garten* besteht aus 40 dunkel glänzenden Gemälden in Öl und Kunstharz. Manche der Bilder haben eine fast gänzlich schwarze Oberfläche, welche schon vermuten lässt, die Farbe sei in der dunklen Tiefe des Bildes ertrunken. In anderen Fällen wiederum sehen wir ein bisschen mehr, das Auge kann ein wenig blutiges Rot, dunkles Grün, etwas dreckiges Beige, ein schwaches Weiss oder gar ein bisschen Silber trinken. Und plötzlich beginnen wir Formen zu erahnen, und ich sage erahnen, weil wir sie nämlich nur in wenigen Fällen wirklich sehen – die Blumen, das Motiv des *Schwarzen Gartens,* sind entweder von solch zarter und verwischter Gestalt oder von solch abstrakter Natur, dass sich das Bild der Blume nicht direkt im Zuge des Sehprozesses, sondern vielmehr im Kopf, gekoppelt mit einem erinnernden Sehen, erschliesst. Die Farbe, oder auch das Motiv, sind nicht klar vom schwarzen Grund des Bildes getrennt.[2] Die Grenzen zwischen Dunkelheit und Farbe sind verwischt, und auch innerhalb der Farbfelder dringt immer wieder Dunkelheit ein. Das Schwarz erscheint wie ein Schleier, der sich manchmal lichtet, dann aber wieder senkt und so die ihm zugrunde liegenden Schätze mit seiner dunklen Transparenz umarmt.

Die dunkle Tiefe der Bilder dieses Werkzyklus ist nicht nur wahrgenommene Tiefe, sie ist bedingt durch Wizemanns Maltechnik. Jedes der Gemälde ist entstanden durch einen sich wiederholenden Prozess des Auf- und Abtragens von Farbe, welcher mitunter bis zu 70 Farbschichten generiert. Dieser zeitintensive Prozess des mehrmaligen Auftragens und Abschleifens der Farbe beginnt stets mit einer schwarzen Leinwand. Anschliessend wird dem schwarzen Urgrund schrittweise immer wieder mittels Farbe Leben eingehaucht, vereinzelt werden Ideen, Figuren und Lichtblicke gemalt, jedoch nur, um dann wieder vom dunklen Schwarz verhüllt zu werden. Das Schwarz kann sich jedoch nie ausruhen, nein, sobald es getrocknet ist, wird es geschliffen, mit feinem Papier so lange gerieben, bis es sich stellenweise lichtet und die Farbe so, wenn sie Glück hat, wieder hervorblitzen darf. Dann bekommen die schemenhaften Figuren Gesellschaft von neuer Farbe und neuem Schwarz, immer und immer wieder. Die Struktur der Leinwand verschwindet unter den komprimierten Farbschichten, und es eröffnet sich wegen der Dichte und Tiefe des Farbauftrages und wegen der Permeabilität der einzelnen Farbmembranen eine nach innen gerichtete Welt. In diese Welt können wir jedoch nicht einfach gierig hineinblicken. Wie ein spiegelnder See tritt uns die Oberfläche der Bilder des *Schwarzen Gartens* entgegen – der Bildraum, dem Grund eines Sees gleich, ruht gemächlich unter der Oberfläche. Nur momenthaft gibt uns die launisch reflektierende Oberfläche Einblick in die Tiefe, nur manchmal sehen wir eine Blume im *Schwarzen Garten.*

Die Tiefe des Bildraums, der schwarze Schleier, welcher die Farben umfasst und verhüllt, und auch die glänzende Oberfläche, welche das Licht und die Bewegungen im Raum wie ein Spiegel reflektiert – all dies sind Produkte des künstlerischen Prozesses. Wizemann ist jedoch ganz und gar nicht als ein Fatalist einzuschätzen, der seine Bilder Diktatoren mit virtuos klingenden Namen überlässt: Technik und Zufall. Daher gilt es diversen Fragen auf den Grund zu gehen. Was hat es etwa mit dem vielen Schwarz auf sich? Behält diese in der abendländischen Kultur derart aufgeladene Farbe auch in Wizemanns Bildern ihre assoziative Kraft bei? Wie beeinflusst die beharrlich

2 Ich erlaube mir in diesem besonderen Fall die Wörter Farbe und Motiv als Äquivalente zu behandeln. In den Bildern des *Schwarzen Gartens* ist das Motiv nämlich so schemenhaft, dass es allein durch die variierende Präsenz der Farbe definiert wird.

tanzende Reflexion in diesem besonderen Fall die Wahrnehmung von Dunkelheit und Farbe? Und wie reglementiert ist denn nun dieser Vorgang von Malen und Schleifen – was darf auftauchen, was darf im Schwarz ruhen? An was erinnert sich Wizemann und was überlässt er dem Vergessen?

In der westlichen Kultur hat die Farbe Schwarz eine deutlich negative Konnotation. Schmerz und Melancholie sind ihre treuen Begleiter. Atmet man jedoch erst mal tief durch, so wird erkenntlich, dass die Vorstellung von Schwarz eine Frage des Intellekts und der Konvention ist; eine Frage der Haltung gewissermassen.[3] Spricht man mit Günther Wizemann über seine Werke, so wird immer wieder deutlich, dass sich die Diskussion in erster Linie an ästhetischen Parametern ausrichtet. Nicht die Emotion, nicht die Symbolik, nicht der Historismus, nicht die Biografie sind relevante Kategorien, zumindest nicht als Begriffe für sich, sondern allenfalls in Relation zur ästhetischen Erfahrung, zur Wahrnehmung des Kunstwerks. Die Gesetzmässigkeit von Wizemanns Kunst setzt somit das Sehen an erste Stelle. Folgt man dieser Logik und konsumiert basierend auf dem Blick die Bilder als ästhetisches Ereignis, so wird augenfällig, dass die glänzende, harzhaltige schwarze Oberfläche gar nicht so einfach anzuschauen ist. Und schlichtweg nur dunkel ist Wizemanns Schwarz schon gar nicht. Weil die blanken Oberflächen der Bilder nämlich wie ein Spiegel wirken, sieht der Betrachter darin das Licht, welches durch den Raum flutet, er sieht das Kreuz des Fensterrahmens, die Säulen des Raumes und vor allem auch seine eigene Silhouette, seine Bewegungen. Durch dieses Einfangen des Lichts und der Bewegungen wird der Bildraum mobilisiert – das Licht beginnt im Schwarz und um die Farbfelder herum aufzublitzen, mischt sich in sie ein und lässt so momenthaft die Grenzen zwischen der Finsternis und den Farbfeldern wie im Fieber erzittern.

Das Geschehen im Raum lässt die Bilder also nicht unbeteiligt.[4] Im Gegensatz zum matten Schwarz ist das harzhaltige, polierte Schwarz, mit dem wir es hier zu tun haben, von unsteter Qualität. Es lässt zu, dass der Bildraum von den Ereignissen und Lichtverhältnissen der Umgebung überflutet wird. Die Bildtiefe des *Schwarzen Gartens* wird ergänzt durch eine Oberfläche, welche den Raum des Betrachters in sich aufnimmt und sogleich wieder an ihn zurückspielt. So verlieren wir gewissermassen die Orientierung. Zeitlichkeit und Räumlichkeit, der Raum des Bildes und derjenige des Betrachters – alles beginnt zu verschmelzen. So wie die einzelnen Farbschichten der Bilder selbst zu einem unzertrennbaren Amalgam geworden sind, werden auch Bild und Projektion zu einem bisweilen irritierenden Schauspiel fusioniert. Mit der Tatsache konfrontiert, dass Wizemanns Bilder durch einen taktlosen Lichtstrahl ausgelöscht, ja einfach plötzlich ganz weiss werden können, weiss man als Betrachter nicht so genau, ob man lieber schön lange oder aber besser nur ganz kurz hinschauen soll. Auch fragt man sich, ob es vielleicht am besten ist, wenn man die Augen ganz weit aufsperrt und still vor dem Bild steht oder lieber zukneift und ganz schnell am Bild vorbeigeht.

Und wieder befinden wir uns am Ausgangspunkt – fasziniert, aber auch leicht verunsichert. Kann denn das ganze Licht nicht auch mal den Bildraum beleuchten? Damit wir die Blumen und den ganzen Garten zu sehen bekommen? Was ist denn eigentlich mit der Farbe los? Weshalb schlummert so viel von ihr im Untergrund? Ist sie stärker als das Schwarz oder ist es umgekehrt?

3 Ad Reinhardt: Schriften und Gespräche. München 1998, S. 231.

4 Das hier vorzufindende Einbrechen des Raumes und der Präsenz des Betrachters in den Bildraum steht interessanterweise in harschem Gegensatz zur autonomen und raumbeherrschenden Qualität von Wizemanns konzeptueller Kunst.

Wir wollen mehr. Und dabei übersehen wir vielleicht, dass darin die Natur des Kostbaren liegt. Dass wir beim *Schwarzen Garten* alles nur häppchenweise serviert bekommen und uns zugleich völlig überflutet in einer Art Seh-Rausch befinden, hat mit einer ganz speziellen Vorliebe Wizemanns zu tun: Er destilliert gerne alte Meister. Das Wort Destillat verwende ich hier, weil Wizemann die alten Meister am liebsten in reduzierter Form geniesst. Nicht die kraftvolle Komposition eines Rubens oder die grazile Symbolik eines flämischen Stilllebens interessieren ihn. Was Wizemann am meisten fasziniert, ist, solche Bilder entweder im Halbdunkel oder aber mit zugekniffenen Augen zu betrachten; manchmal auch nur aus dem Augenwinkel. Das Motiv, die Handlung, und somit auch die Symbolik, werden dadurch nichtig. Was bleibt, ist eine intensive Seherfahrung, welche sich aus dem berauschten Zusammenspiel der Farben und der sich schemenhaft in Bewegung versetzten Formen konstituiert. Die Wirkungskraft der Farben, einzeln und auch als dynamisches Kollektiv, hat Wizemann schon seit Beginn seiner künstlerischen Karriere fasziniert. Bereits in der zweiten Hälfte der 1970er-Jahre malte er Farbstudien: kleine dicht bemalte Bilder mit Titeln wie *Kampf im Mais,* auf denen sich die Farben auf der Leinwand tummeln. *Opium* nennt Wizemann diese Wirkungskraft der Farben, weil sie je nach Farbtemperaturen wie Opiate auf uns wirken. Fast 30 Jahre später, nach vielem Prüfen, ist Günther Wizemann mit Arbeiten wie *Chroma,* vor allem aber mit dem Werkzyklus *Schwarzer Garten,* diesem schwer zu greifenden Phänomen mit ungeahnter Wirkungskraft und Präzision auf den Grund gegangen.

Die Zeit, denke ich, hat hier auch ihre Finger im Spiel. Die Bilder, welche uns besonders berühren, bleiben in unserer Erinnerung verhaftet. Im Falle Wizemanns ist dies etwa das vibrierende Zusammenfliessen der Farben bei der Betrachtung von Rubens' *Jüngstem Gericht* im Halbdunkel der Alten Pinakothek in München. Diese Erinnerungsbilder lassen unsere Wahrnehmung nicht unbeeinflusst. In Barnett Newmans Schriften ist etwa zu lesen, dass sich dieser bei einem spätabendlichen Gang durch die eindunkelnde National Gallery in Washington beim Anblick eines Rembrandts an eines seiner eigenen Bilder erinnert fühlte. Wegen all dem «Braun mit einer Lichtsträhne in der Mitte».[5] Es gibt also die Kategorien des Malens aus der Erinnerung und des erinnernden, ja gar projizierenden Sehens.[6]

Für Wizemann ist das Malen von Erinnerungsbildern zu einem ganz wichtigen Aspekt der künstlerischen Tätigkeit geworden. Wie auch das Schwarz birgt es die Gefahr, missverstanden zu werden, weil es einen leichten Beigeschmack nach verstaubter Sentimentalität mit sich tragen kann. Wer in diese Falle tappt, irrt sich jedoch. Der Werkzyklus *Schwarzer Garten* wurzelt nämlich nicht bloss in der Erinnerung an eine Seherfahrung, er zielt zugleich in ausgeklügelter Weise auf ein an Erinnerungsbilder anknüpfendes Seherlebnis ab. Die Emotion, welche bei der Betrachtung solcher Werke unweigerlich auftaucht, ist in erster Linie eine ästhetische. Die Erinnerungen tauchen dann wie die Blumen und anderen schemenhaften Gestalten des *Schwarzen Gartens* aus der Tiefe auf – nur bedingt können wir sie lenken.

5 Barnett Newman: Schriften und Interviews. Bern 1996, S. 365.

6 Die Wissenschaft hat uns gelehrt, dass Erinnerungen unzuverlässig sind. Unser Wissen und somit auch unsere Erinnerungsbilder sind der mitunter launischen Herrschaft des Gedächtnisses unterstellt. Dieses hat die Macht, Erinnerungsbilder zu verformen, und vermag es sogar, die Wahrnehmung von Bildern und Episoden vorzeitig (als Erwartung) zu verzerren. Wegen ihrer Unberechenbarkeit ist die Erinnerung ein schwieriges, aber äusserst interessantes Phänomen.

Ich erinnere mich, wie ich als Kind mit Günther Wizemann am Silser See im Engadin spazieren ging. Es war Winter und wegen der ausserordentlichen Kälte war der See vollständig zugefroren. Da es jedoch nicht so viel Schnee hatte, oder aber der beissende Wind diesen weggefegt hatte, lag der See schwarz in der Berglandschaft. Seine Oberfläche war dunkel und an manchen Stellen fast bläulich glänzend, wie poliert; an anderen eher grau und etwas matt, vielleicht wegen der dünnen Schicht Pulverschnee, welche der Wind nicht wegzuschleifen vermocht hatte. Ich befand mich in der Welt der Berge, welche sich an wenigen Stellen im Eis spiegelten. Für mich aber lag die Welt unter dem Spiegel. Nur ganz sehen konnte ich sie nicht. Der See lächelte mir leicht entgegen. Was er wohl schon alles erlebt hatte. Vielleicht verbarg sich unter der glänzenden Oberfläche eine alte Seele.

THE LUCENT LAYER OF DARKNESS

Giorgia von Albertini

Günther Wizeman last exhibited his work in the spring of 1994 at the Susanna Kulli Gallery in St. Gallen. The objects in this exhibit were plaster sculptures, modular works that with gentle insistence revealed the division between painting and sculptural media to be an obsolete formality. Whereas Wizemann's early conceptual phase featured works that, in accordance with constructivist tradition, were characterized predominantly by homogeneous surfaces and therefore displayed only a few marks of the painterly process, the surfaces of this body of work from the early 1990s were suddenly impregnated with a kind of painting. Wizemann's new work showed a shy but definite pleasure in turbulent surfaces, a development that the art historian Gerhard Mack interpreted at the time as a "loosening of the previous rigidity." [1]

What followed was a withdrawal from the public sphere. For more than 20 years, the newly worked on canvases never left the artist's studio. A long cycle of seclusion ensued, although interspersed with lively periods of creative work, allowing room for leisure and reflection, but above all, room for examining his own work. In a process of critical revision the validity and significance of the paintings were continuously inspected—both formally and conceptually, that is, individually, but also encompassing the entirety of the oeuvre.

When one enters Wizemann's studio today, a factory hall from the 1920s, the eye is delighted by the great wealth of pictures, which as a result of a mixed hanging—sometimes close together, then breathing freely on a large wall or simply leaning against it—form affinities. Wizemann's new pieces can be divided into two large bodies of work: *Chroma* (2002–2012) and *The Black Garden* (2003–2013). The series, *Chroma,* consists of monochrome canvases in one group, and in another, white-primed paintings that are organized into seven rectangular color fields, which depart from the left half of the picture plane. The oil paints used in this body of work all originate from the classical artist's palette and thus refer to Wizemann's intense study of color,

1 Gerhard Mack, «Bausteine für einen geistigen Raum», in St. Galler Tagblatt, 1994.

which has been a constant and essential impulse in his work from the beginning. In contrast to *Chroma,* in which the colors jump out at us unabashedly—bursting with loud purity—the color in *The Black Garden* remains elegantly in the background; it emerges only occasionally from the dark depths and sometimes, barely noticed, it has already disappeared.

The Black Garden is comprised of 40 darkly shimmering paintings in oil and synthetic resin. Some of the panels show an almost entirely black surface that suggests that the color may have drowned in the dark depths of the painting. In other paintings we see a bit more; the eye can now discern a bit of sanguine red, dark green, a somewhat muddy beige, a faint white or even drink a little silver. And suddenly we begin to sense forms—I use the word "sense" because in only a few instances can we actually see them. The flowers, the motif of *The Black Garden,* either have such tender and indistinct forms or are so abstract, that the image of a flower is manifest not directly through the process of seeing but rather in the eye of the beholder, coupled with a reminiscence of seeing. The color, or as it were, the motif, are not clearly separated from the black ground of the picture.[2] The borders between darkness and color have been blurred and even within the color fields, darkness enters constantly. The black appears as a veil that at times lifts and then sinks again, thereby embracing the underlying treasures with its dark transparency.

The dark depth of the paintings in this body of work is not simply a perceived depth; rather it is conditional on Wizemann's painting technique. Each of the paintings originated through a repetitive act of applying and removing paint, a process that at times produced up to 70 layers of paint. This time consuming process of repeated application and sanding down of paint always begins with a black canvas. Subsequently, by means of color, life is breathed back into the original layer of black: ideas, figures, and rays of light are painted here and there, only to thereafter be veiled again by the dark black. However, the black can never rest, no, as soon as it dries, it is sanded down, rubbed with fine paper until it lifts sporadically, and with luck, allows the color to again gleam through this surface. Then the shadowy figures are visited by new color and new black—over and over again. The texture of the canvas disappears under the compressed layers of paint, and because of the depth and density of the painting process and the permeability of individual color membranes, an inner world is established. However, we cannot simply greedily look into this world. The surface of the paintings confronts us like a mirroring lake—the pictorial space, like the bottom of a lake, rests sedately below the surface. Only momentarily does the moodily reflecting surface allow us a glance into the depths; only sometimes do we see a flower in *The Black Garden.*

The depth of the visual space, the black veil, which encloses and conceals the colors, and also the shining surface that reflects the light and movement inside the room as a mirror would—all of these are products of the artistic process. Yet Wizemann should not be judged a fatalist who hands his paintings over to dictators with imposing sounding names such as technique and coincidence. Thus we get down to essential questions. What is so much black all about? Does this color, so charged in western culture, maintain its associative strength in Wizemann's paintings? How does the persistently dancing reflection influence, in this particular case, the perception of darkness and color? And how regimented is the procedure of painting and sanding down—what

2 I am taking the liberty of treating the words "color" and "motif" as equivalents in this specific case.
In the paintings of *The Black Garden* paintings the motif is so shadowy that it is solely defined by the varying presence of the color.

is allowed to surface, what is permitted to rest in blackness? What does Wizemann remember and what does he leave to oblivion?

In western culture the color black has a distinctly negative connotation. Pain and melancholy are its steadfast companions. However, with further thought it becomes clear that the concept of black is a matter of intellect and convention, a matter of attitude, so to speak.[3] In talking to Günther Wizemann about his work, it becomes ever more apparent that the discussion is fundamentally about aesthetic parameters. It is not emotion, nor symbolism, nor historicism, nor biography that are the relevant categories, at least not as concepts in themselves, rather, in all cases, they relate to the aesthetic experience—to the perception of the work of art. Thus the regularity of Wizemann's art puts seeing in first place. If we follow this logic, that the viewing of these paintings is itself an aesthetic event, it becomes apparent that the shining, resinous black surface is not at all easy to look at. Furthermore, we recognize that Wizemann's black is not utterly dark. The polished surfaces of the paintings function as a mirror, in which spectators behold the light that floods through the room; they see the intersecting frame of the window, the columns of the room, and above all, their own silhouettes and movements. Through this capturing of light and motion, the pictorial space is mobilized—the light begins to flash within the black and around the color fields, interferes with them and momentarily makes the borders between the darkness and the color fields shiver as in a fever.

Accordingly, the events occurring within the room do not leave the pictures unaffected.[4] In contrast to a matte black, the resinous, polished black that we are dealing with here has an unsteady quality. It permits the pictorial space to be flooded by the events and the light conditions of its surroundings. The depth inherent in the paintings of *The Black Garden* is complemented by a surface that includes the space of the viewer and reflects it at the same time. We lose orientation, so to speak. Temporality and spatiality, the space of the painting and the space of the viewer—all begin to merge. Just as the individual layers of paint have become an inseparable amalgam, picture and projection are fused into an occasionally irritating spectacle. Confronted with the fact that a tactless ray of light could effectively delete Wizemann's pictures, that the paintings indeed could suddenly become all white, we are left uncertain as to whether we should take a good long look, or rather, glimpse them on the sly as we walk past. We ask ourselves, too, whether it is best to stand still in front of the picture with eyes wide open, or perhaps rather to go by it quickly with squinting eyes.

And again we are back where we started—fascinated, but also slightly unsettled. Could all this ambient light please light up the pictorial space? So that we could finally see the flowers and the entire garden? What has actually happened to the color? Why is so much of it slumbering underground? Is it stronger than the black or is it the other way around? We want more. And we overlook, perhaps, that therein lies the nature of the precious. That we are served everything in small portions when looking at *The Black Garden* and simultaneously find ourselves completely flooded in a kind of visual ecstasy has to do with one of Wizemann's special predilections: he likes to distill old masters. I am using the word distill here because Wizemann enjoys the old masters

3 Ad Reinhardt, *Schriften und Gespräche,* Munich 1998, p. 231.
4 The entering of the space in this situation and the presence of the viewer in the pictorial space interestingly stand in harsh contrast to the autonomous quality that dominated the space in Wizemann's conceptual art.

best in reduced form. He is not interested in the vibrant composition of a Rubens painting or in the graceful symbolism of a Flemish still life. What fascinates Wizemann most is looking at such works either in semi-darkness or with squinting eyes, at times only out of the corner of his eye. Thereby, the motif, the plot, and concomitantly the symbolism become null and void. What remains is an intensive visual experience constituted by the ecstatic interplay of colors and shadowy forms that have been set in motion. The effect of colors, singly as well as in a dynamic aggregate, has fascinated Wizemann since the beginning of his artistic career. He has been painting color studies since the second half of the 1970s: small densely painted pictures with titles such as *Kampf im Mais* (literally: *Fight in the Corn Field*), in which colors almost cavort on the canvas. Wizemann calls this effect *Opium* because, depending on their color temperatures, the colors affect us as opiates would. Almost 30 years later, Günther Wizemann has deeply explored this hard-to-grasp phenomenon with unforeseen effectiveness and precision in his series, *Chroma,* and especially, in the cycle of work, *The Black Garden.*

Time has something to do with this, too, I believe. The images that move us the most remain in memory. In Wizemann's case it is, for instance, the vibrant flowing together of colors he experienced when looking at *The Last Judgement* by Rubens in the semi-darkness of the Alte Pinakothek in Munich. Such recollected images, in turn, affect our perception. Barnett Newman's writings disclose, for example, that during a late evening walk through the darkening National Gallery in Washington, as the artist looked at a Rembrandt, he was reminded of one of his own paintings because of all the "brown with a strand of light in the center."[5] There exist, therefore, categories of painting from memory and remembered seeing, indeed, even projected seeing.[6]

For Wizemann the painting of "memory images" has become an important aspect of his artistic work. As with the color black, it holds the risk of being misunderstood because it can carry a slight aftertaste of dusty sentimentality. Whoever falls into this trap, however, is erring. The cycle, *The Black Garden,* is rooted not only in the memory of an experience in seeing, rather it aims simultaneously, in an elaborated manner, at an experience of seeing that is linked to memory images. The emotion that inevitably arises when looking at such work is primarily an aesthetic one. Memories then surface from the depth, just as the flowers and other shadowy forms emerge from the depth of *The Black Garden*—we can direct them only conditionally.

I remember how, as a child, I walked with Günther Wizemann along Lake Sils in the Engadine. It was winter and because of the exceptional cold the entire lake had frozen. Either because it had not snowed much at that time or the fiercely cold wind had swept the snow away, the lake lay completely black in the mountainous landscape. Its surface was dark and in some places, almost blueish brilliant, as if polished; in others it was gray and somewhat matte, perhaps because of the thin layer of powdery snow that the wind had not been able to entirely erase. I found myself in the world of mountains, which in a few places were reflected by the ice. For me, however, the world lay beneath the mirror. It was only that I could not quite see it. The lake seemed to smile at me. What all it had experienced. Beneath the brilliant surface perhaps there hid an old soul.

5 Barnett Newman: *Schriften und Interviews,* Berne 1996, p. 365.

6 Science has taught us that memories are unreliable. Our knowledge and thereby the pictures we remember are subordinated to, at times, the erratic rule of memory. It has the power to deform those pictures and is even able to prematurely (as an expectation) distort the perception of pictures and episodes. Because of its unpredictability, memory is a difficult, but also very interesting phenomenon.

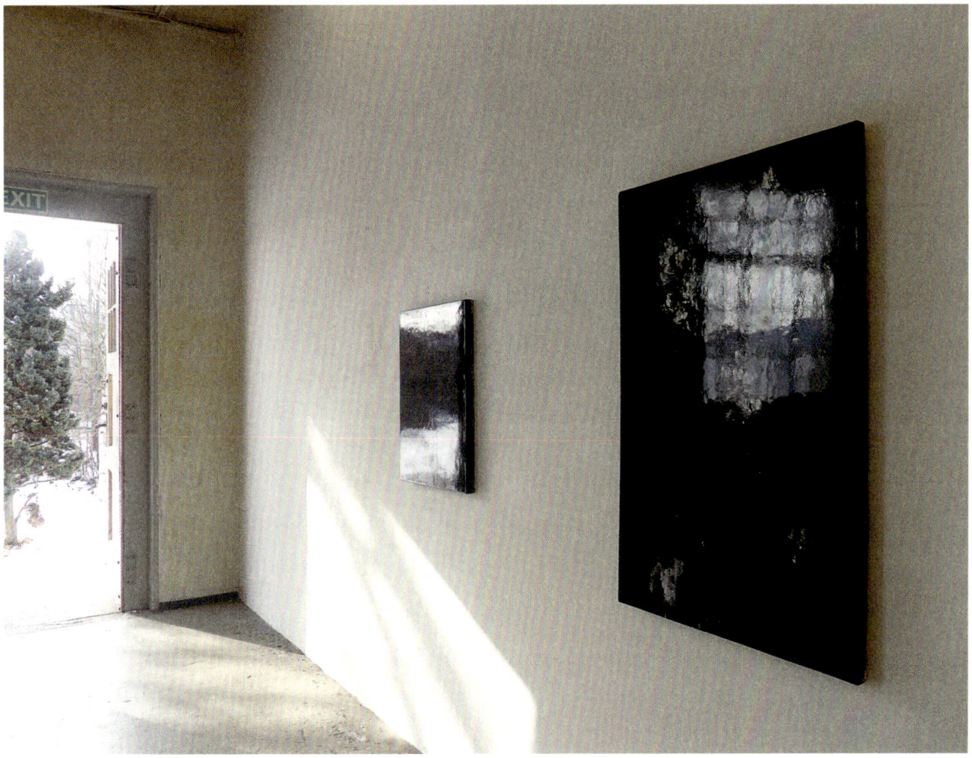

Atelier, 2013, Spiegelung, Fotografie: Günther Wizemann

Atelier Günther Wizemann, *Camellia japonica (Natura morta)*, 2003
Öl und Kunstharz auf Leinwand, 200×250 cm
Fotografie: Heinz Köppel

CAMELLIA JAPONICA

Katzensilber I (Der schwarze Garten), 2010
Öl auf Leinwand, 70×53 cm

Ohne Titel (Der schwarze Garten), 2010
Öl und Kunstharz auf Leinwand, 70×53 cm

Katzensilber III (Der schwarze Garten), 2010
Öl und Kunstharz auf Leinwand, 70×53 cm

Ohne Titel (Der schwarze Garten), 2009
Öl und Kunstharz auf Leinwand, 70×53 cm

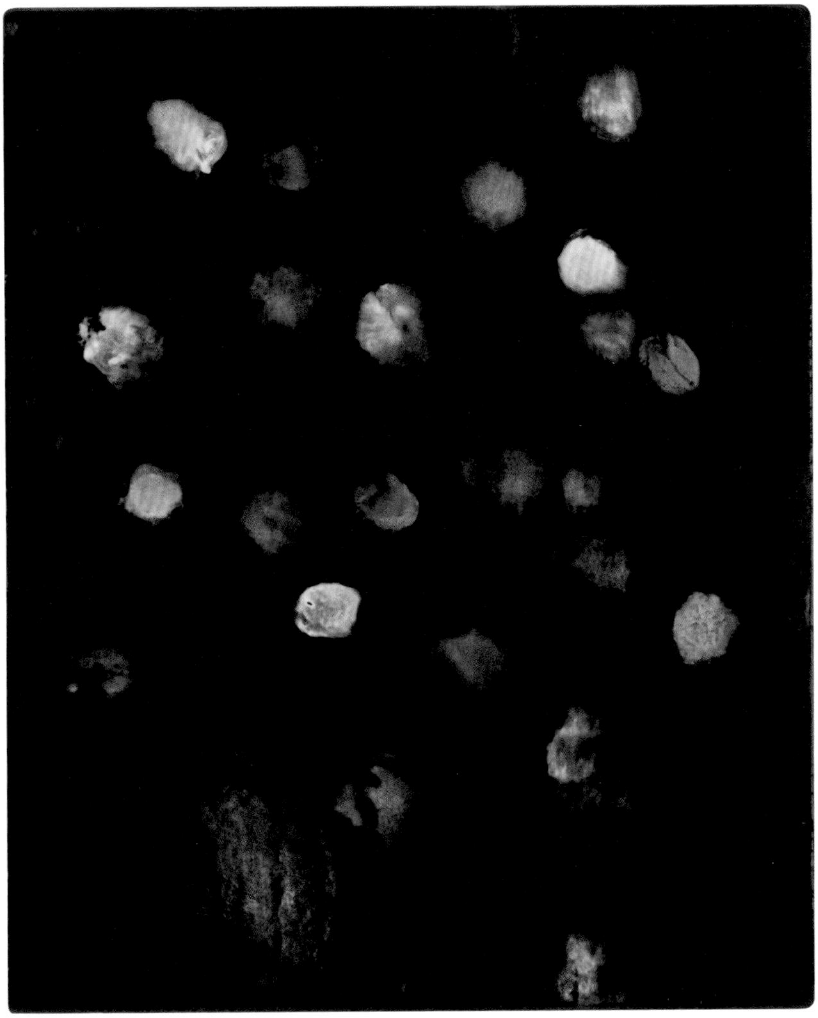

Ohne Titel (Der schwarze Garten), 2007
Öl und Kunstharz auf Leinwand, 50×40 cm

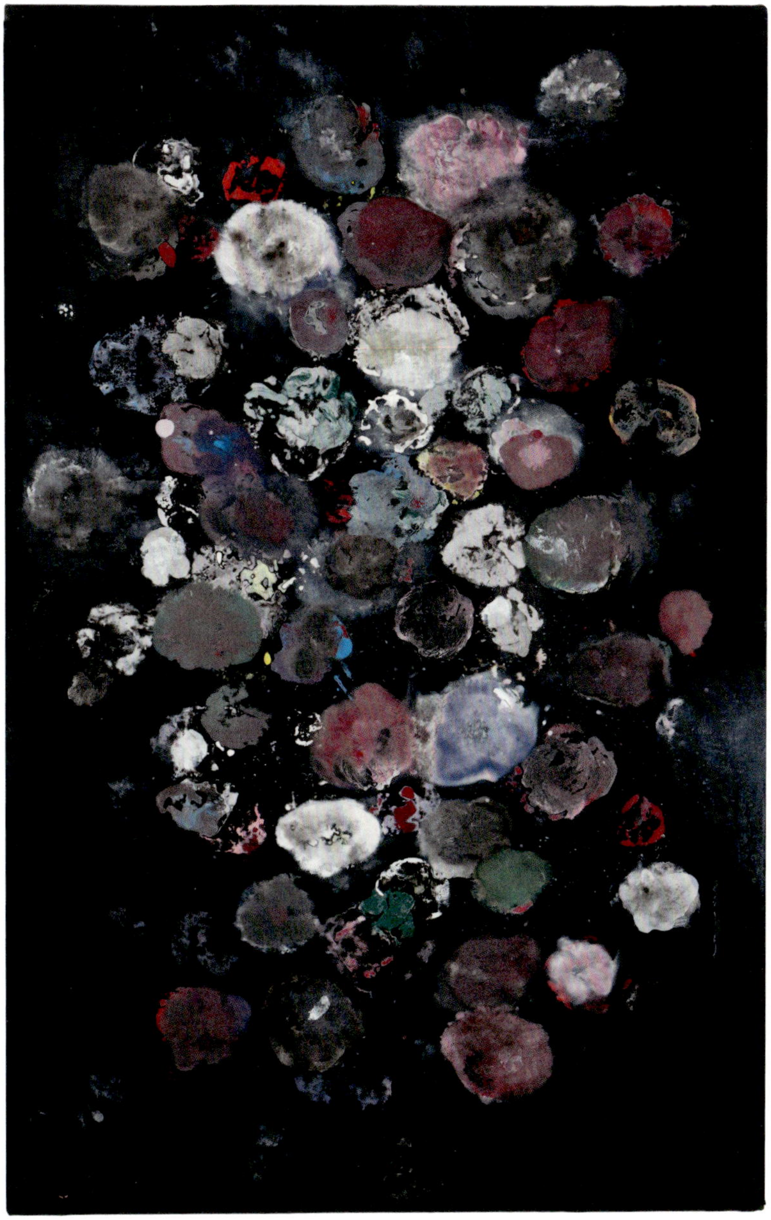

Ohne Titel (Der schwarze Garten), 2011
Öl und Kunstharz auf Leinwand, 80×50 cm

Katzensilber II (Der schwarze Garten), 2010
Öl und Kunstharz auf Leinwand, 53×43 cm

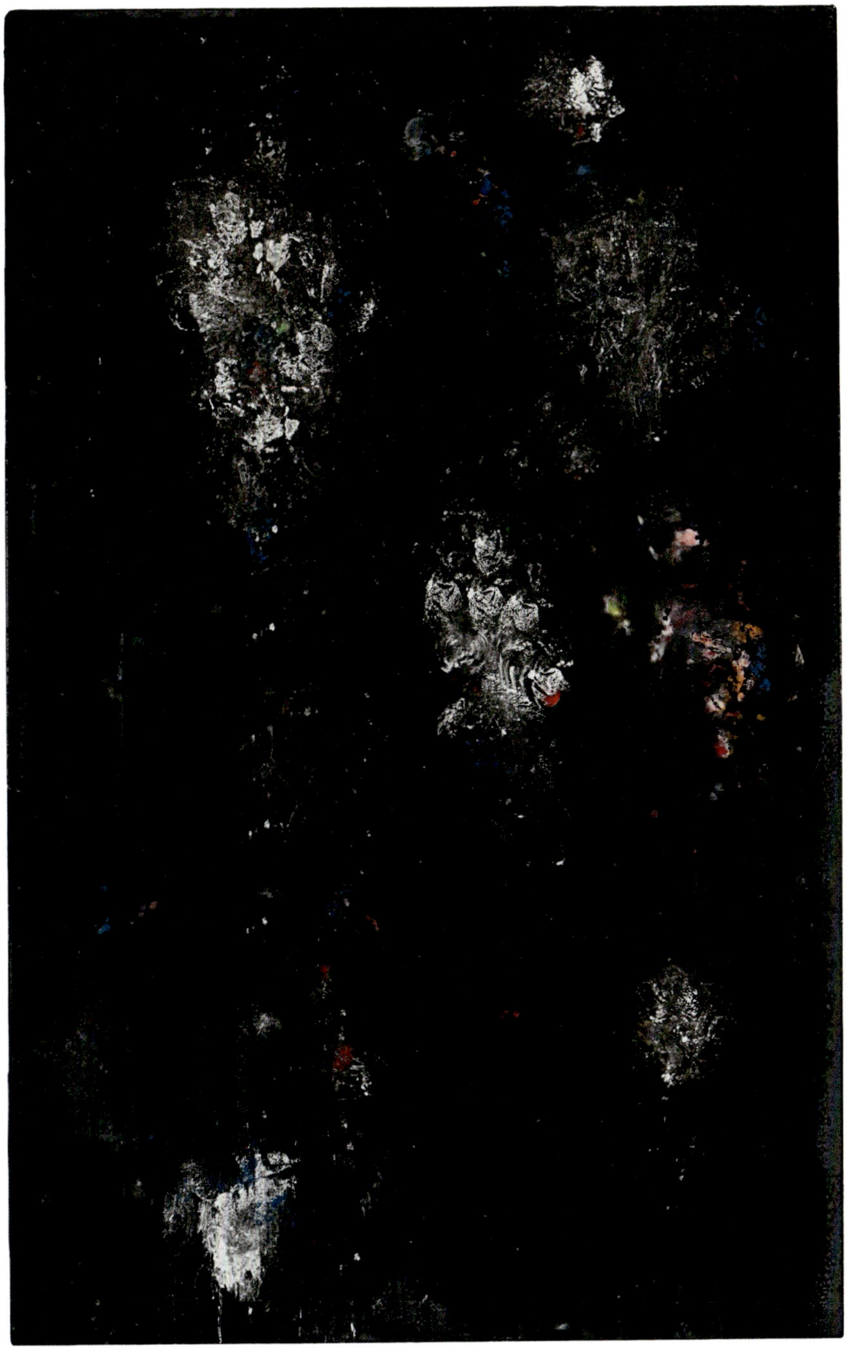

Katzensilber VI (Der schwarze Garten), 2011
Öl auf Leinwand, 113×70 cm

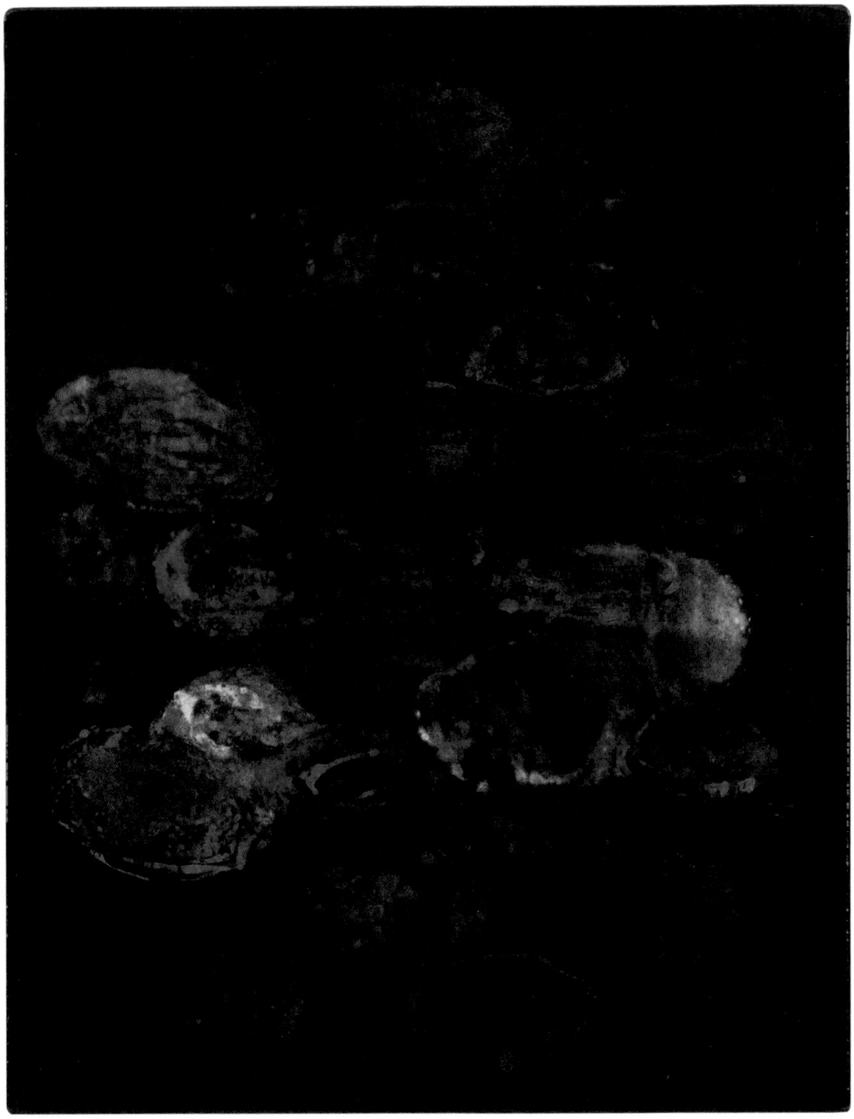

Ohne Titel (Der schwarze Garten), 2006
Öl auf Leinwand, 70×53 cm

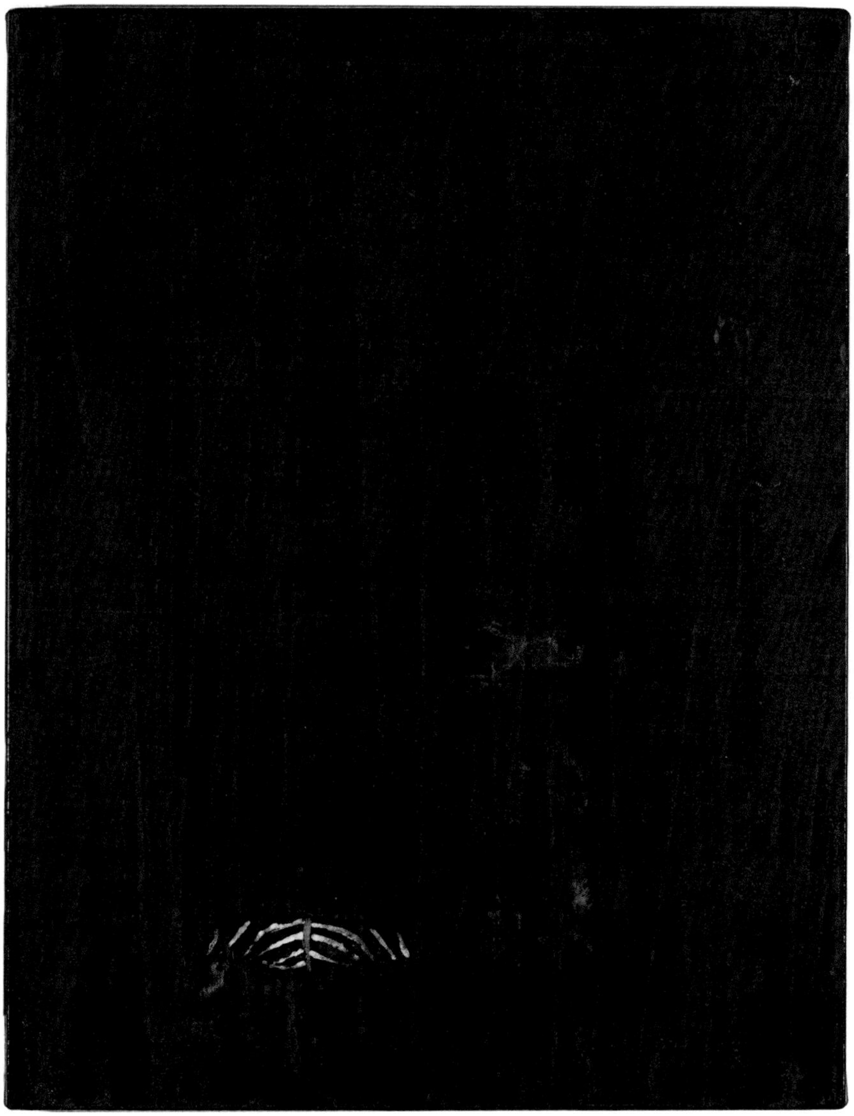

Ohne Titel (Der schwarze Garten), 2010
Öl und Kunstharz auf Leinwand, 70×53 cm

Ohne Titel (Der schwarze Garten), 2009
Öl und Kunstharz auf Leinwand, 50×40 cm

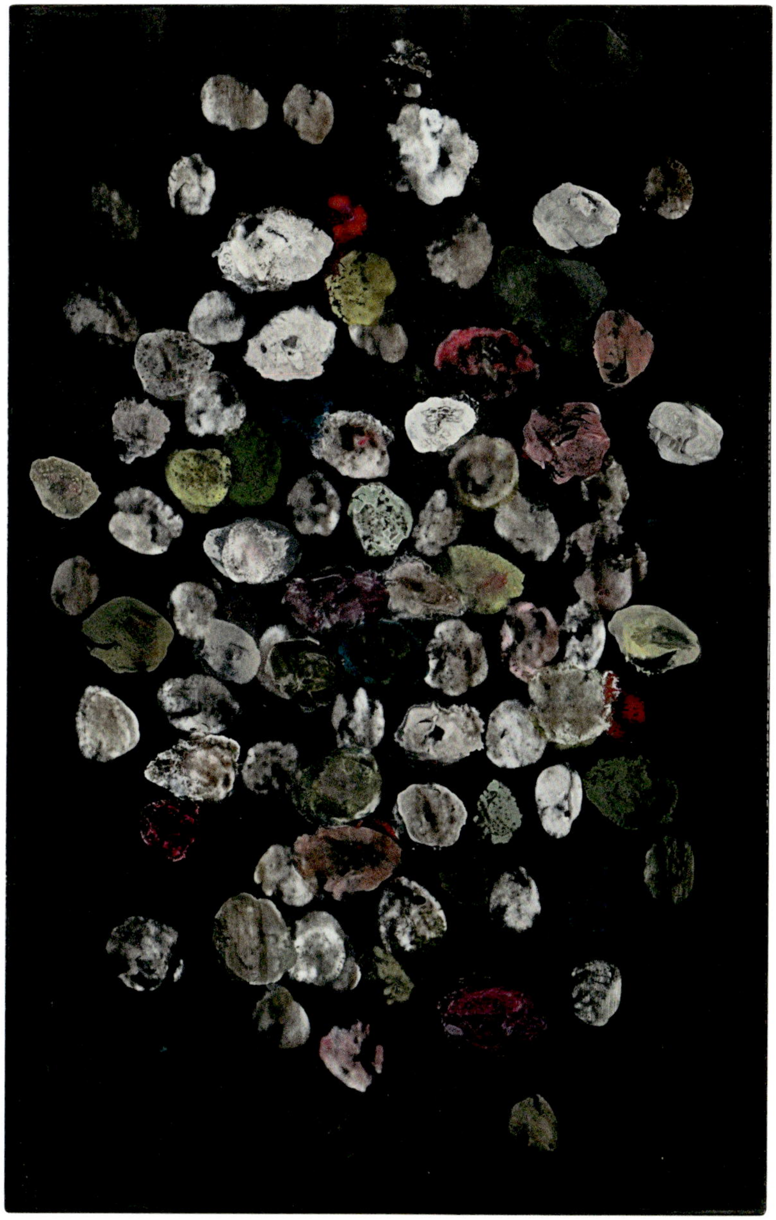

Ohne Titel (Der schwarze Garten), 2010
Öl und Kunstharz auf Leinwand, 80×50 cm

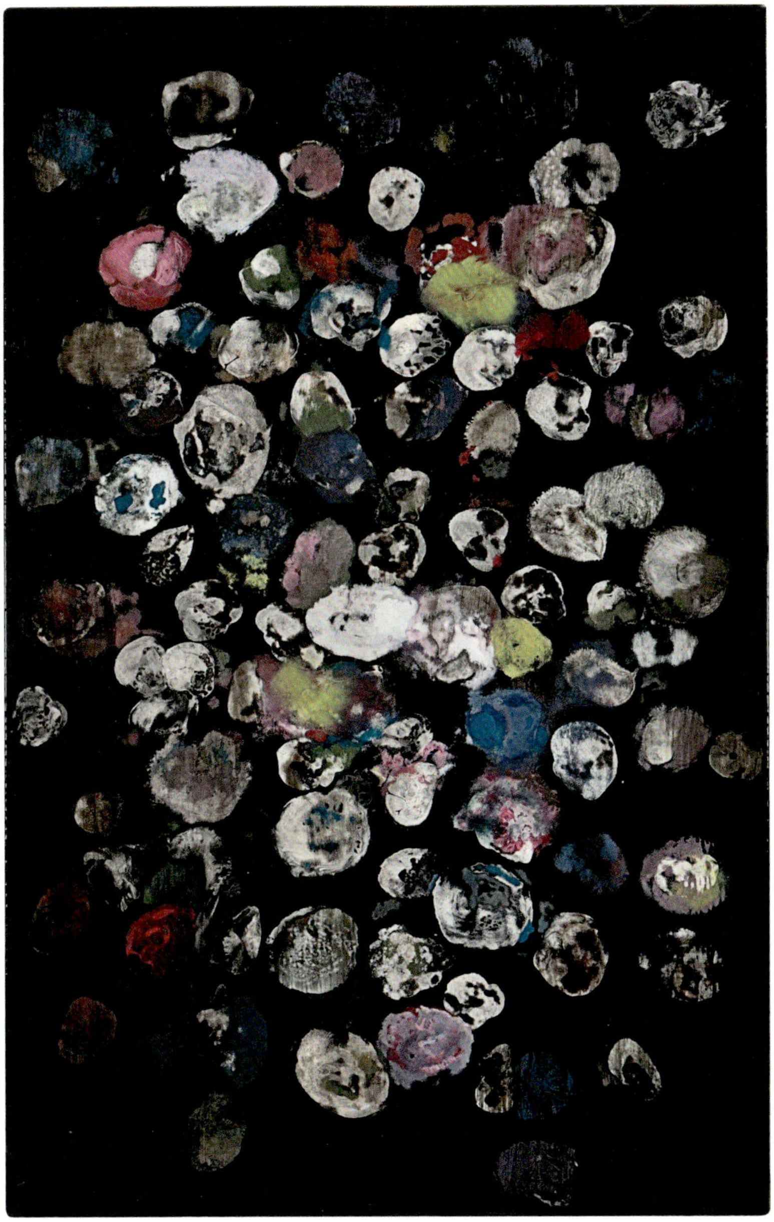

Ohne Titel (Der schwarze Garten), 2010
Öl und Kunstharz auf Leinwand, 80×50 cm

Ohne Titel (Der schwarze Garten), 2010
Öl und Kunstharz auf Leinwand, 113×70 cm

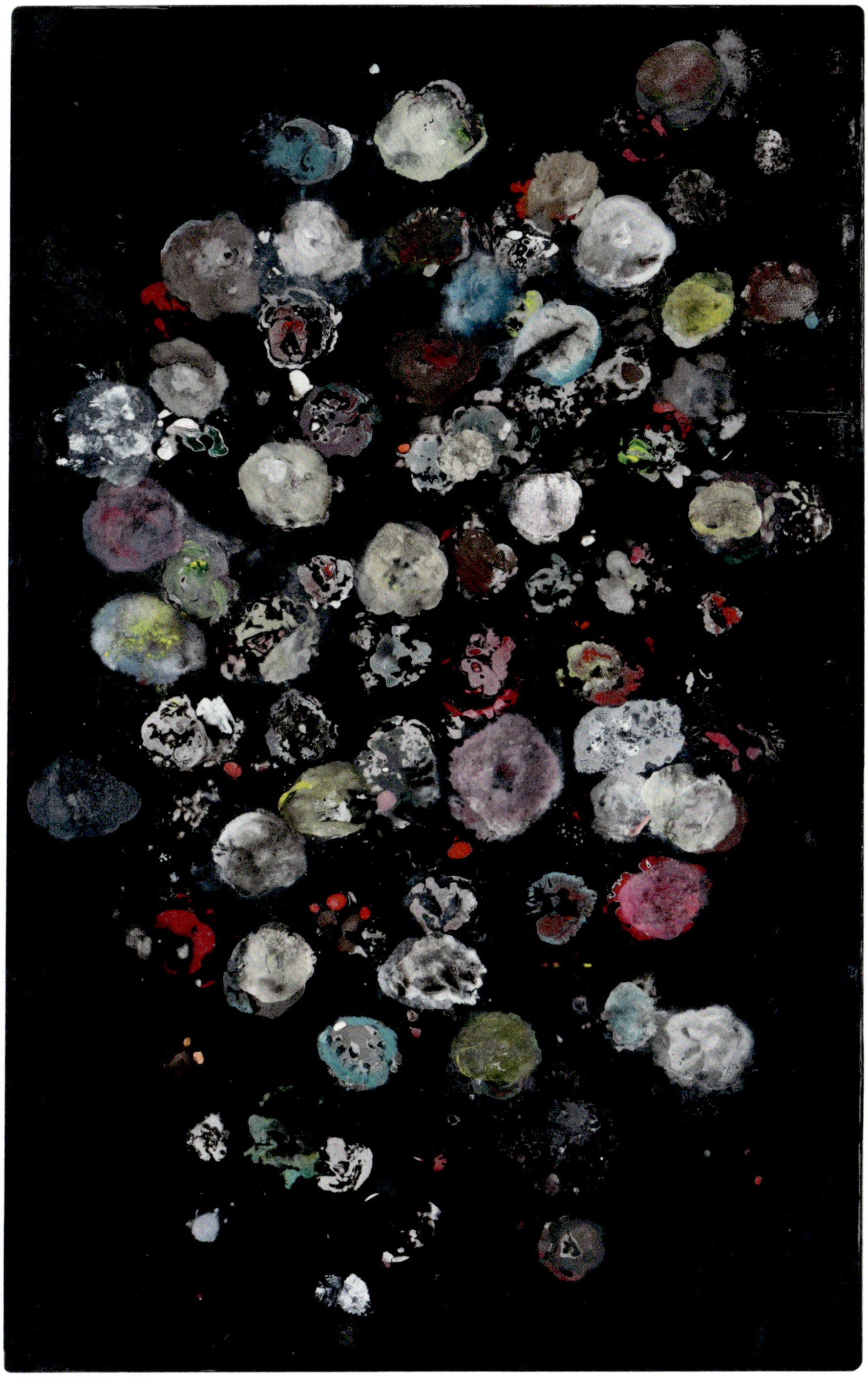

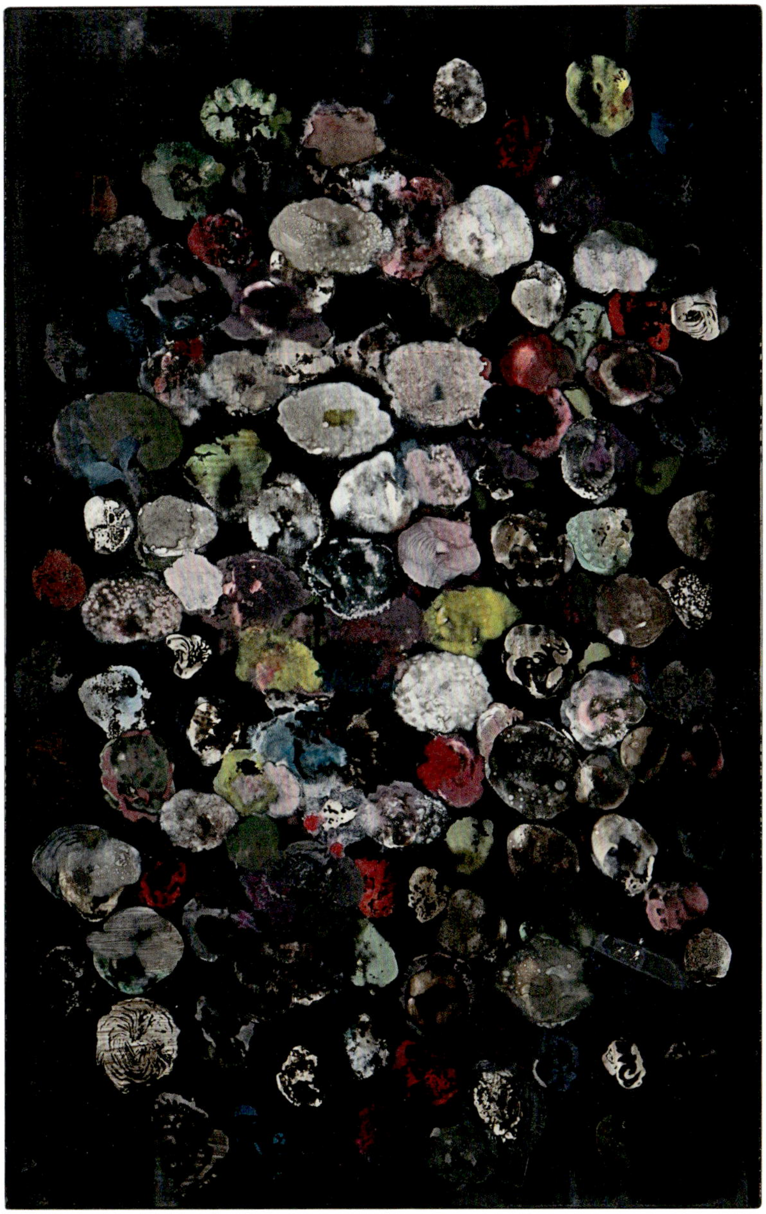

Ohne Titel (Der schwarze Garten), 2011
Öl und Kunstharz auf Leinwand, 80×50 cm

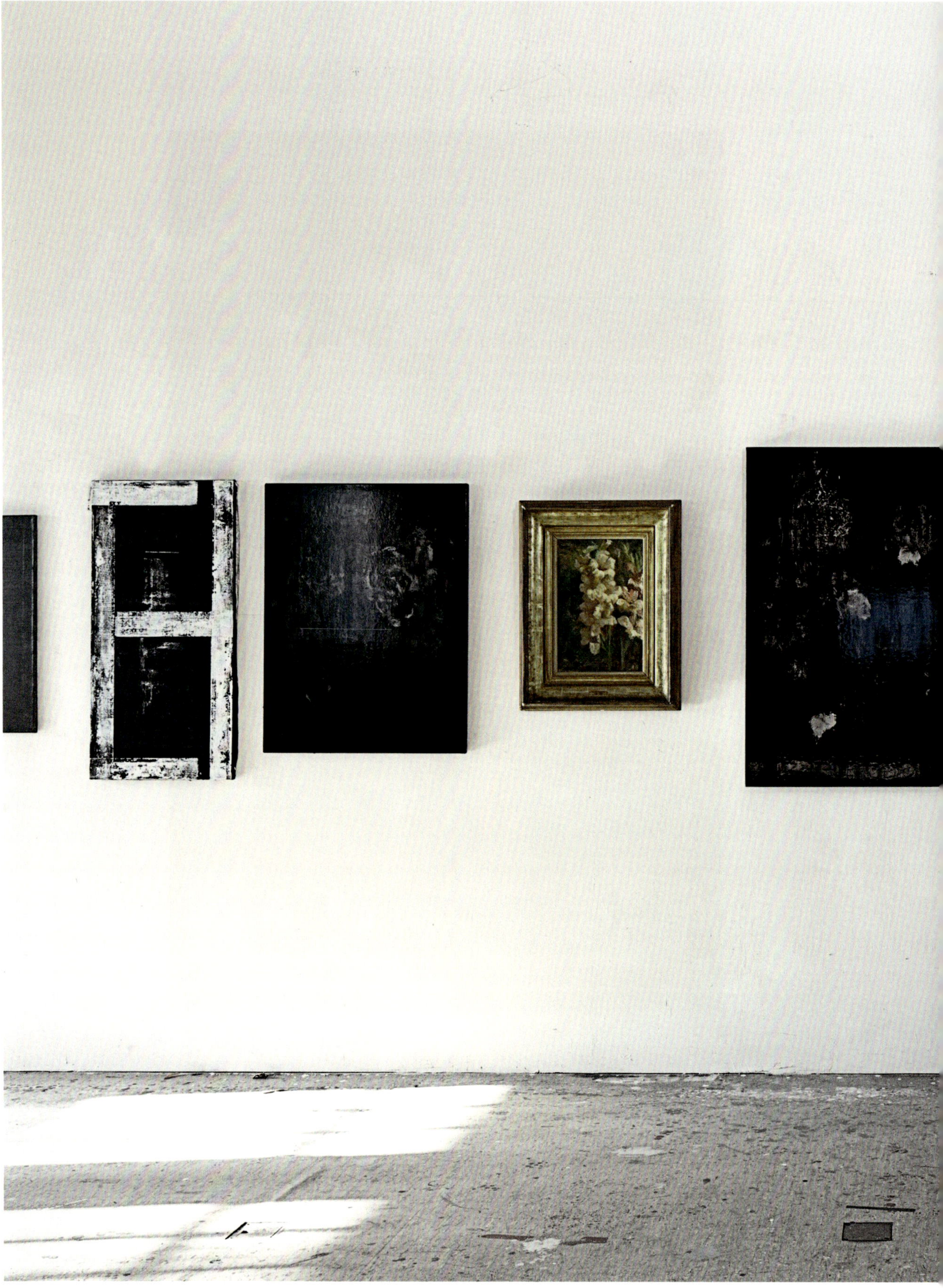

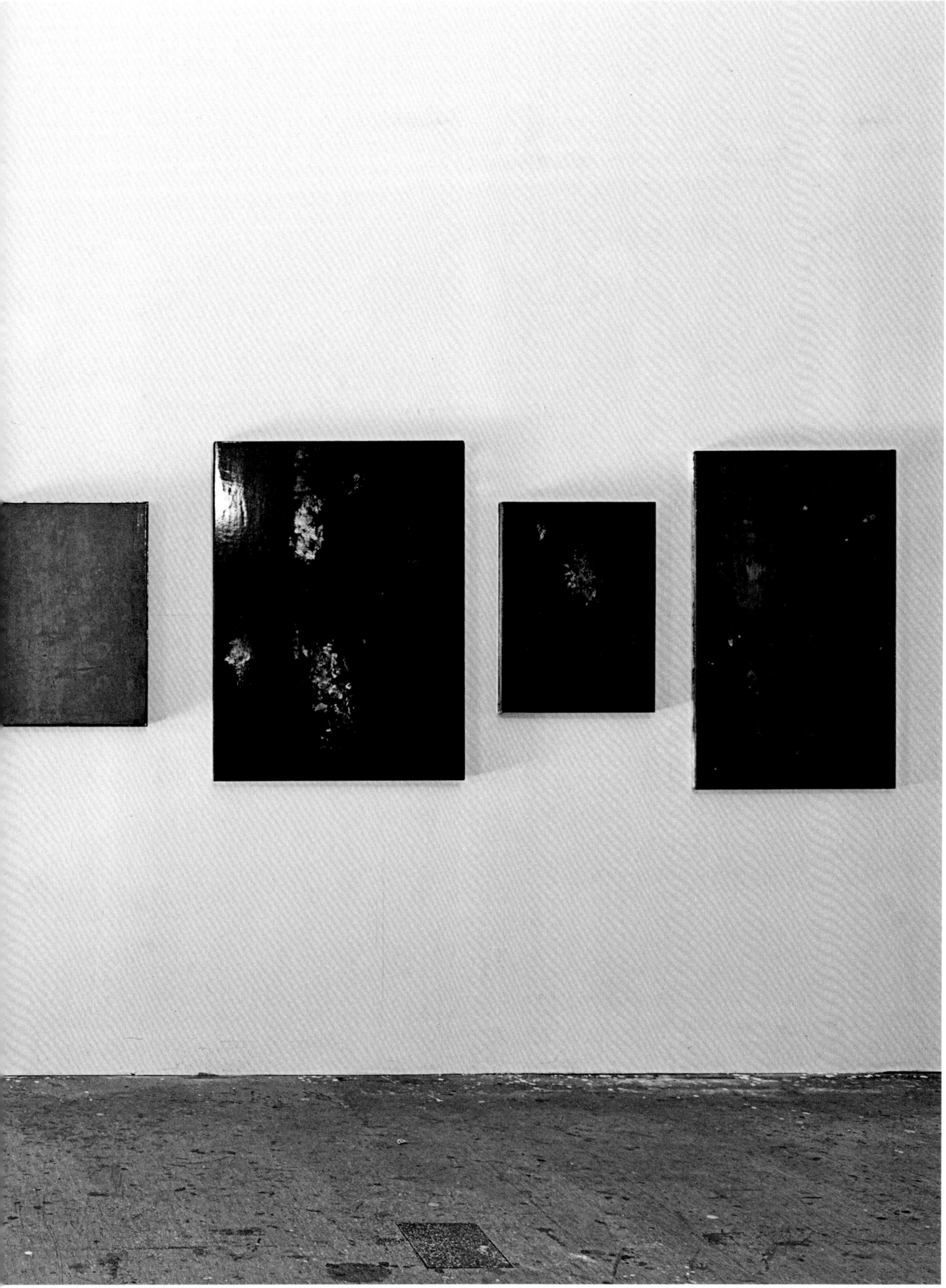

Vorangehende Doppelseite/Preceding double spread: Atelier Günther Wizemann, 2016, mit Stillleben von Giovanni Segantini, o. D., Öl auf Leinwand, 45,5 × 30,5 cm (Privatbesitz)
Fotografie: Heinz Köppel

Katzensilber IV (Der schwarze Garten), 2011
Öl und Kunstharz auf Leinwand, 150 × 120 cm

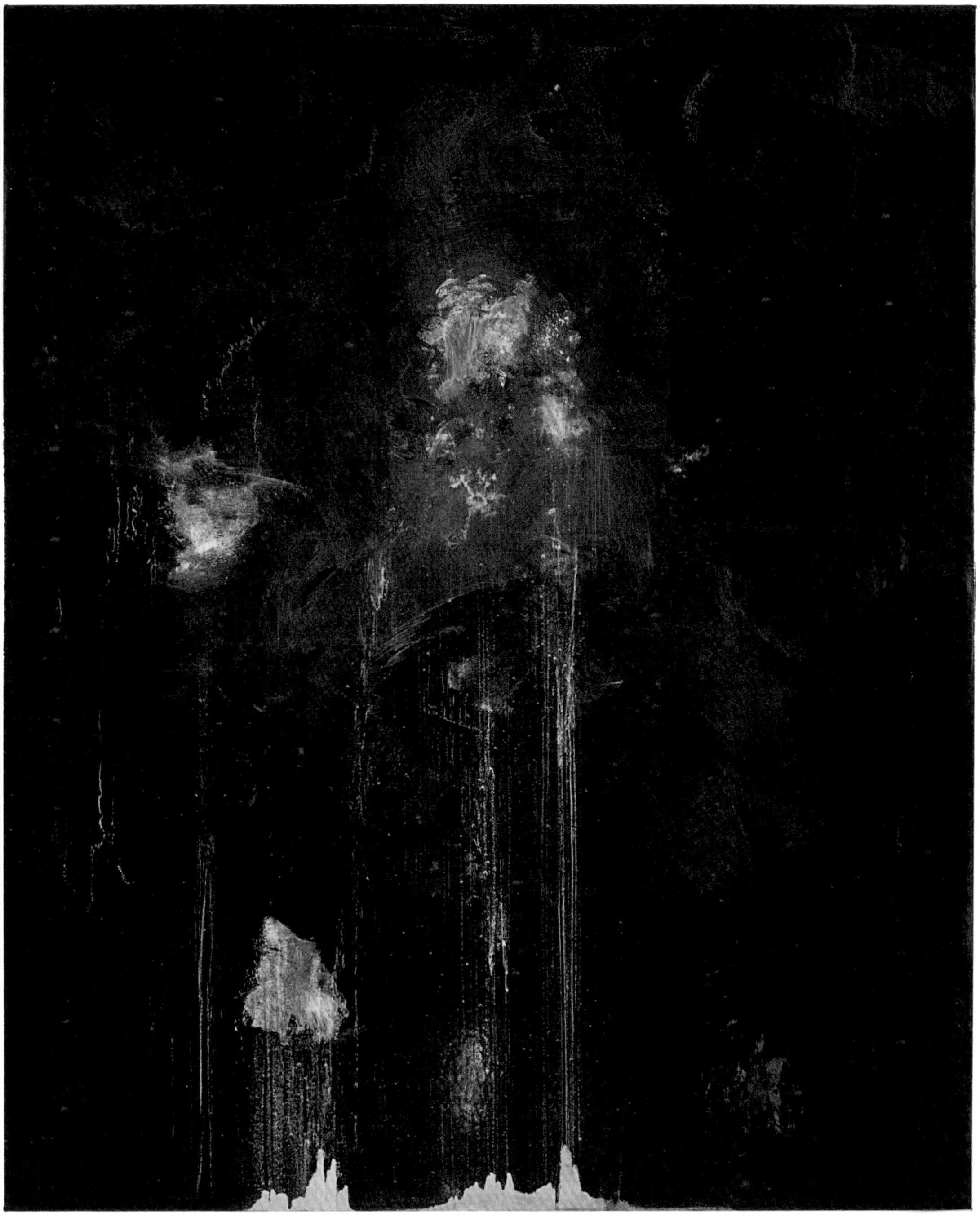

Katzensilber V (Der schwarze Garten), 2011
Öl und Kunstharz auf Leinwand, 113×76 cm

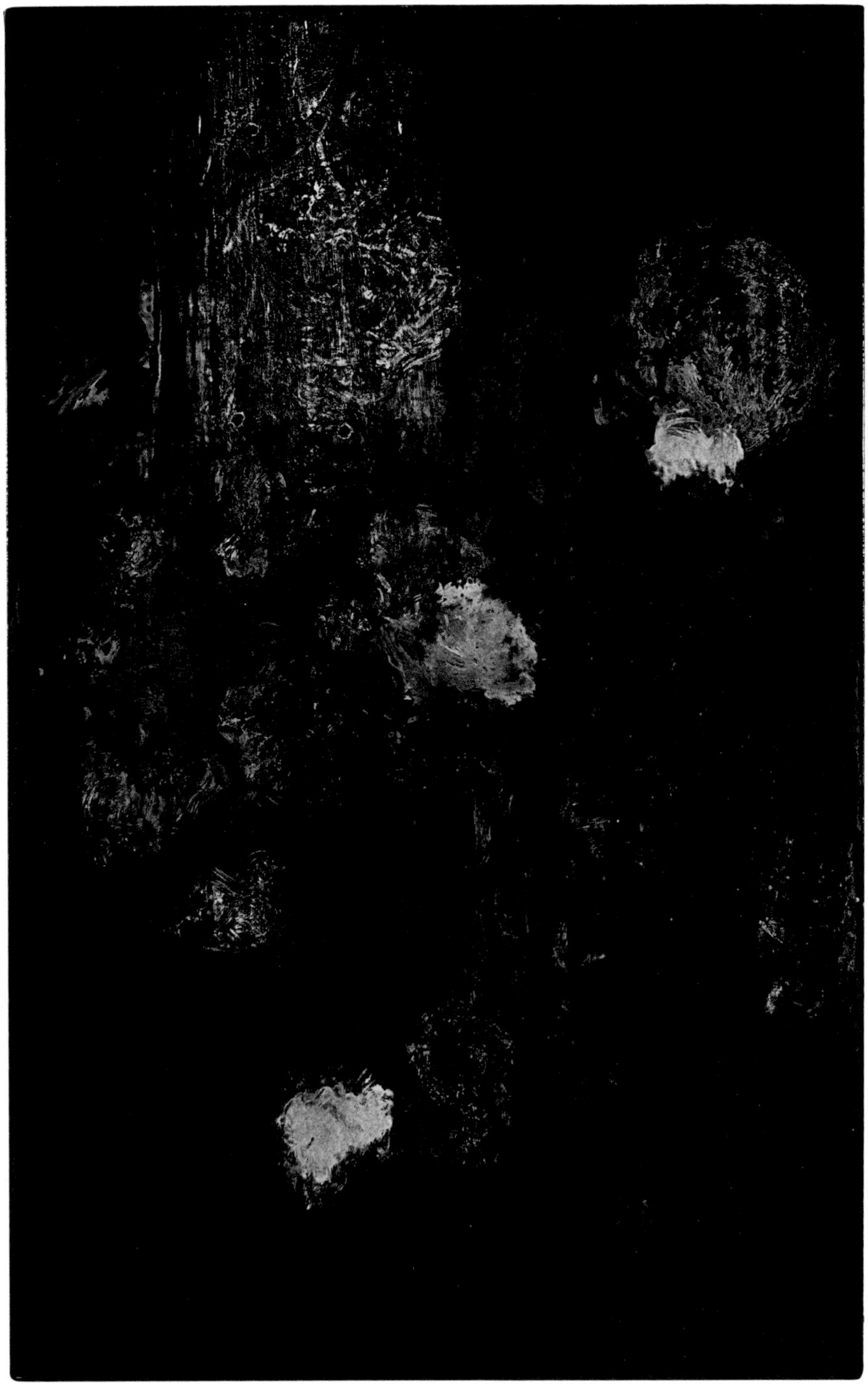

Helleborus niger (Der schwarze Garten), 2012
Öl und Kunstharz auf Leinwand, 90×70 cm

Katzensilber VII (Der schwarze Garten), 2011/2012
Öl und Kunstharz auf Leinwand, 113×86 cm

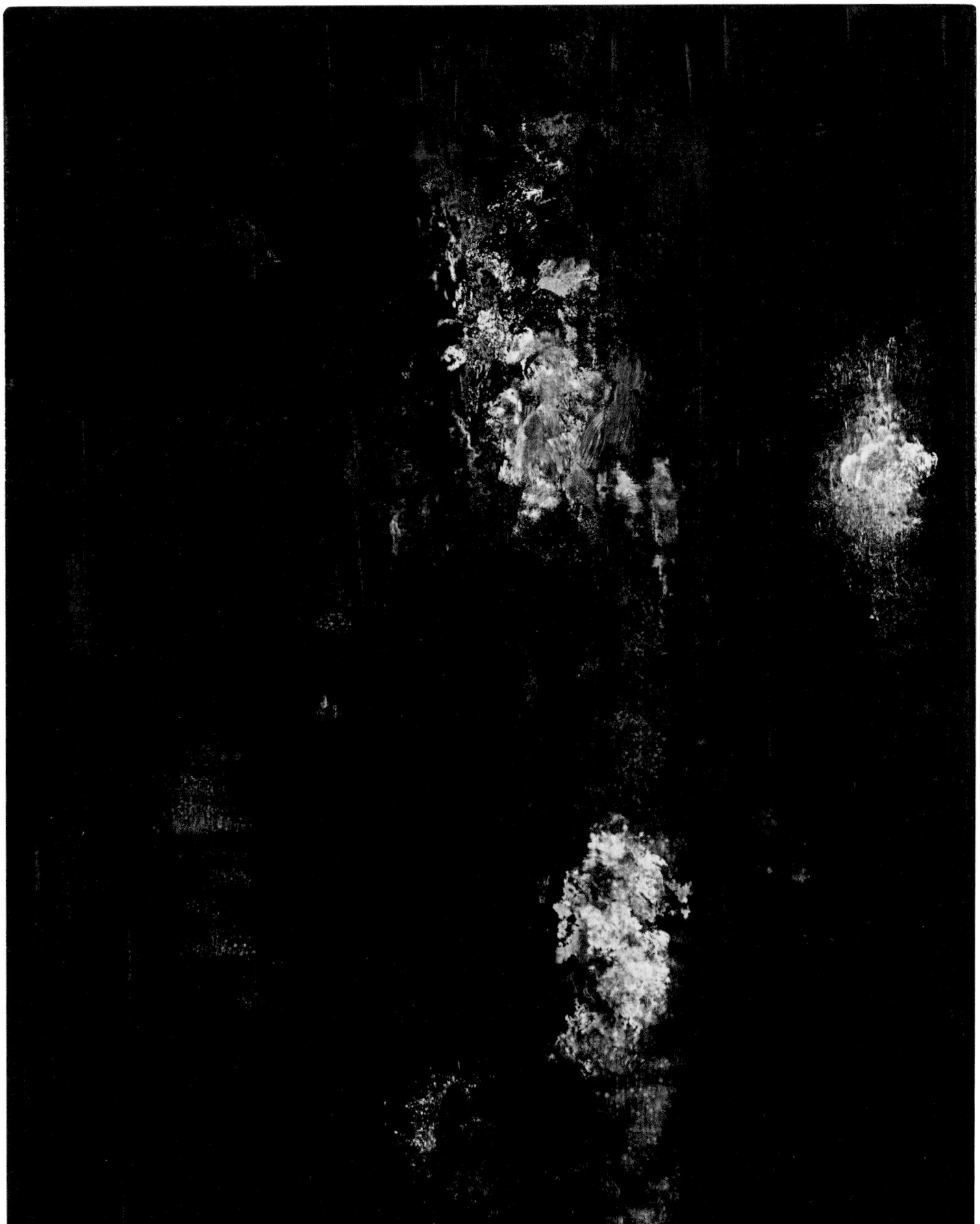

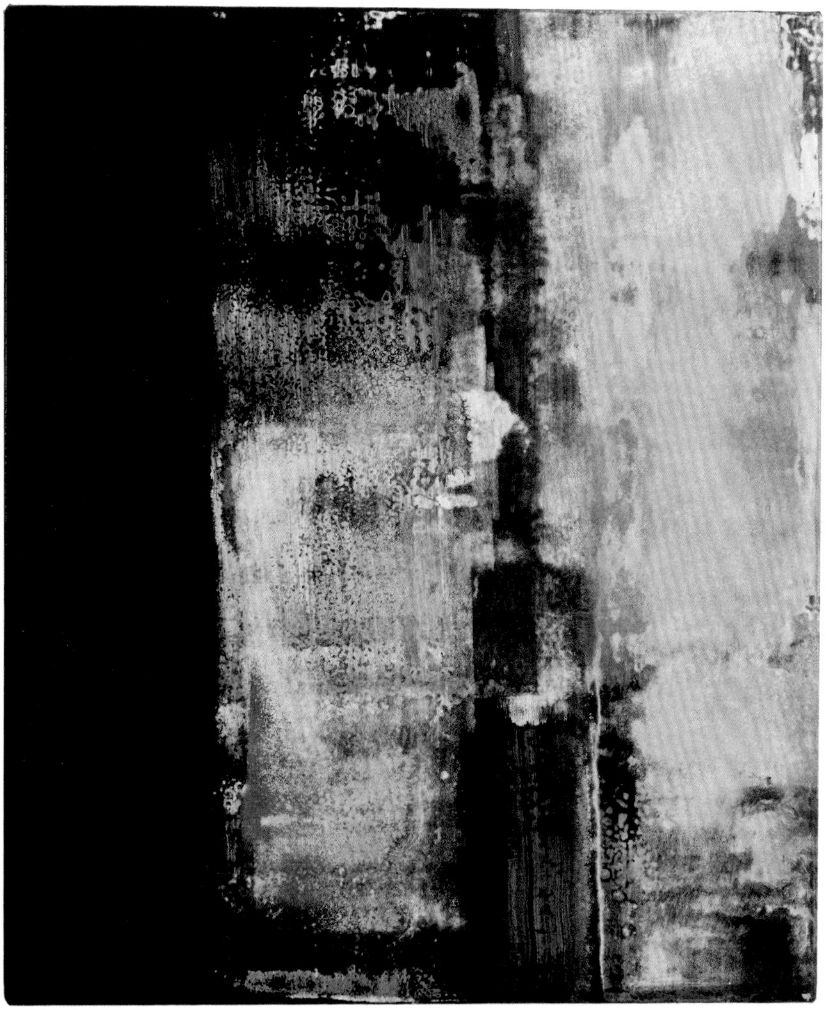

Ohne Titel (Der schwarze Garten), 2013
Öl und Kunstharz auf Leinwand, 53×43 cm

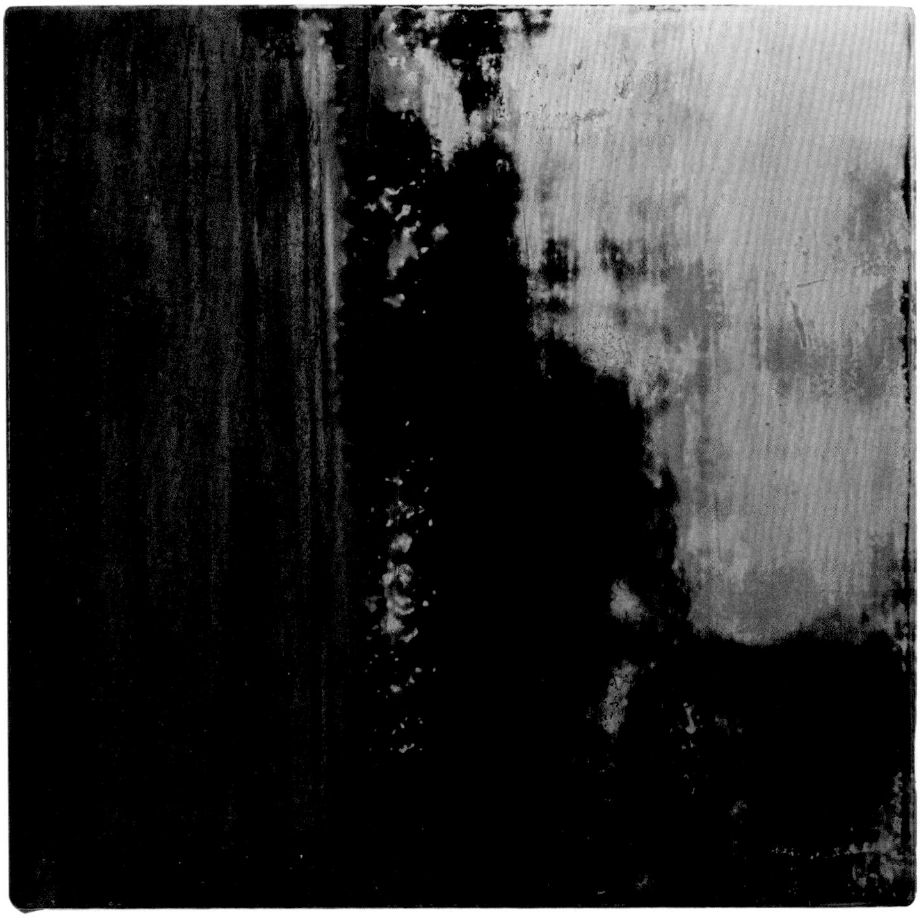

Ohne Titel (Der schwarze Garten), 2013
Öl und Kunstharz auf Leinwand, 50×50 cm

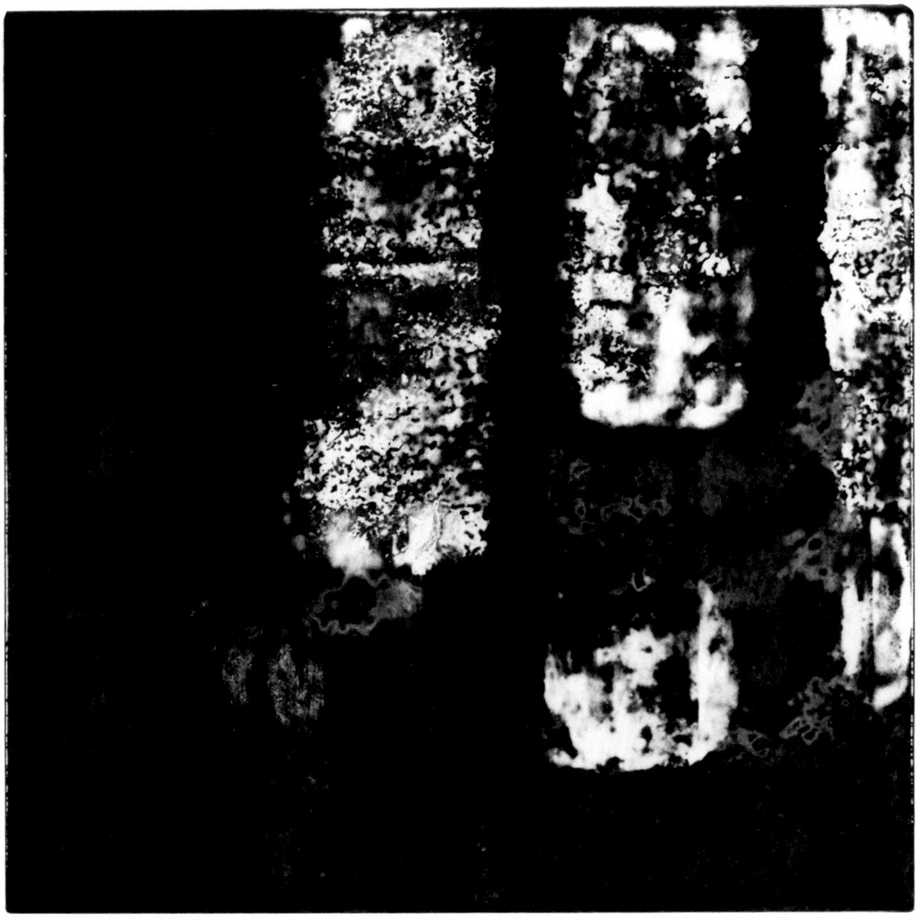

Ohne Titel (Der schwarze Garten), 2013
Öl und Kunstharz auf Leinwand, 50×50 cm

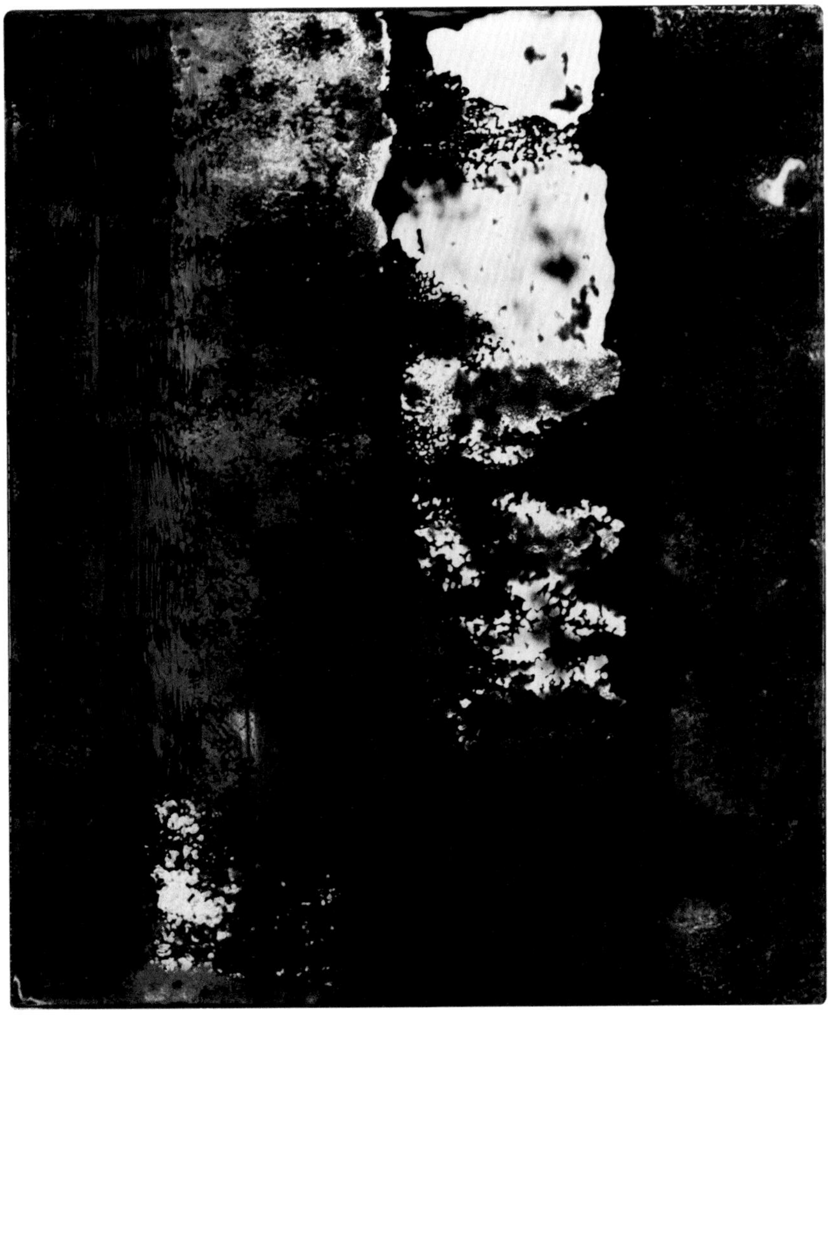

Ohne Titel (Der schwarze Garten), 2013
Öl und Kunstharz auf Leinwand, 53×43 cm

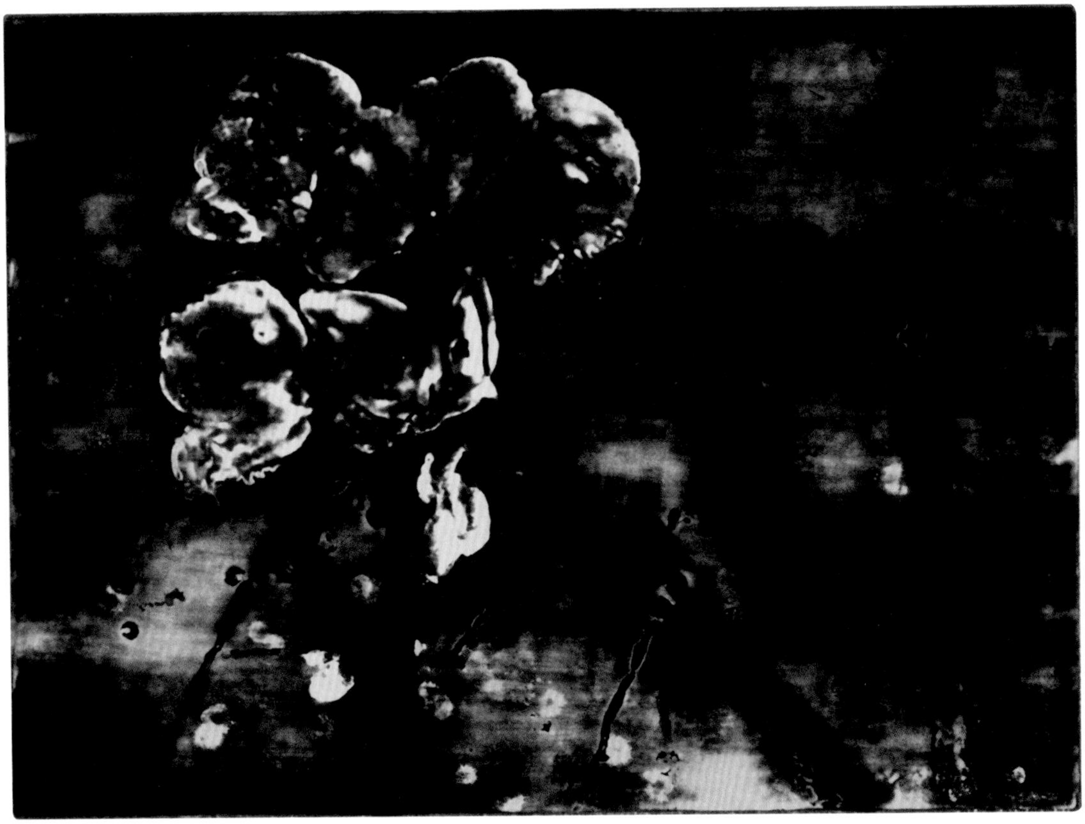

Hiroshima mon amour (Der schwarze Garten), 2010
Öl und Kunstharz auf Leinwand, 53×70 cm

Florian Vetsch

NIGREDO

Many people are familiar with the cartoon by the American painter Ad Reinhardt (1913–1967), in which the viewer of an abstract painting makes fun of the image by asking, what does it represent?—and then is astonished when the painting in turn inquires of him, what he himself represents. In a cunning way, the black monk of minimal art really gets to the heart of the matter. His selected writings are among the primers that belong to Günther Wizemann (born 1953 in Graz) and Wizemann dedicated his red color field oil painting with golden flashes *To Ad Reinhardt (Number 4).* Yet my reason for citing Reinhardt's cartoon right from the start is that this essay is also only an attempt at a subjective order of interpretation of reflections that begin with Wizemann's work group, *The Black Garden,* and that draw from conversations with the artist as well as my own observations, research, and knowledge. The following essay does not claim any authority of interpretation, instead it claims the freedom of excess—true to William Blake's splendid remark from the *Proverbs of Hell* (1790/1992), that it is "the road of excess" that "leads to the palace of wisdom."

Günther Wizemann's body of work, *The Black Garden,* which was created between 2003 and 2013, consists of more than 40 paintings (oil and synthetic resin on canvas) that emerged from prolonged painterly processes of applying and removing paint, processes that extended for months—indeed, at times, even years—and generated up to 60 or 70 layers of paint. The result of this slow, dense painting process is the reflecting surface that characterizes the paintings of *The Black Garden,* imparting to them an inward as well as an outward pictorial space. However, this must not be confused with the high gloss aesthetics found in the world of fashion. *The Black Garden* has nothing in common with the superficial banality of that world. Moreover, the dark panel paintings—especially when they lure the viewer to come close in order to take in more precisely the fine structure of color distilled from the diverse acts of painting—turn into mysterious mirrors that, as such, always reflect and accept anybody who steps in front of them. Looking at the painting slightly obliquely, the viewer—in frontal confrontation—sees his own silhouette or the flashlight of his camera; or a row of windows, a view, other colors in the room, the shimmer of a lamp, a monitor or whatever else. And finally, at a steep angled view, a silver or golden reflecting surface flashes up, then shuts down as one passes by the picture, and it returns to pure blackness.

Thus the perspective changes the reflection in the inner space of the painting in conjunction with other factors such as daylight, lighting, and season. In a certain sense this applies to any painting in a room, as Candida Höfer's photographs from the Museo Civico in Vincenza impressively demonstrate. However, Wizemann's black panel paintings consciously provoke—as a particular aesthetic experience—the viewer's change in perspective.

Reflection—in both the literal and figurative sense—is therefore a major theme of this body of work. As suggested, reflection primarily has to do with confronting your own self and your surroundings. The ancient maxim of Delphi "know yourself" represents a never ending task. It will not be solved by removing a veil from the true self and thereby knowing it once and for all—because we are constantly changing. The task is much more complex. The reflection has a pronounced ethical dimension; however, for Wizemann's *Black Garden,* it has to be primarily categorized as an aesthetic experience. Nevertheless, it is not obliged to a form of aesthetics that is centered around itself because the reflection includes the surroundings and motivates the body, history, and the viewer's modes of seeing. The interpretation of that which is seen is up to the viewer: the aesthetic event has primacy.

Accordingly Wizemann is not interested in the fantastic or the figurative in Hieronymus Bosch's *Garden of Earthly Delights* (1500), but in the pure battle of colors that meets the eye of the viewer who stands before this triptych. The right panel, *Hell,* fascinates him most because of Bosch's staging of the color black and its transitions to grey, brown, red and even white.

In a similar way Wizemann's view of Rubens's gigantic *Garden of Love* (1632) can be detected: this painter is not delighted by Rubens's happy relation to his second wife, Helene Fourment, nor are his eyes entertained by the story—reading the picture from left to right—of their first

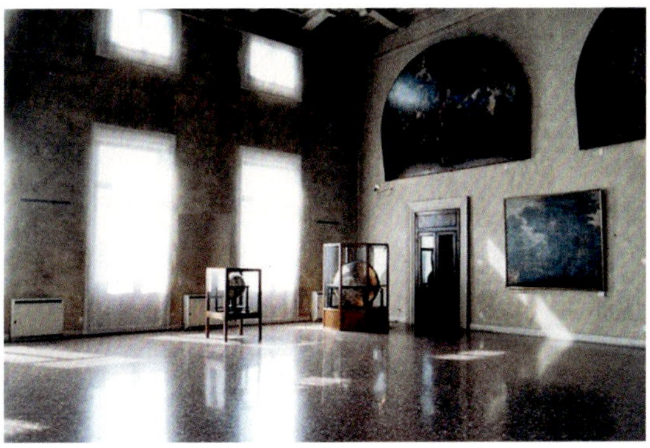

Candida Höfer: *Museo Civico, Vicenza II 1988, Photography*

intimate meeting up to their marriage; rather he is interested in the distribution of the deep, dark blue, that three times marks Helene's dress: the shimmering through of this blue under the white collar that she is wearing on the left side of the painting, the shimmering through of skin color in the same place, and the breakthrough of the massive red and its shadows on the right.

In view of Goya's *Pinturas Negras* (1819–1823), which the great Spanish painter once painted on the walls of his country house, Quinta del Sordo, and that can be marveled at today in the Prado—Wizemann does not ask after their psychological interpretations in relation to Goya's condition, much less their biblical references or any correspondences with the dark spirit of that time; his only concern is the chromatic scale: a soiled yellow over here, a haunted black over there; here a grey turning darker, there a red that seems to rear up—they all emerge from the dark browns that dominate the *Pinturas Negras.*

Wizemann's eyes want to drink, they investigate pictures from different perspectives with regard to the colors and all that they do on the canvas, and what concert, what symphony comes about after they— each one of them an entirely individual hue— have been brought together. This is what his eyes look for when he examines his own paintings. Their painterly density develops in time consuming seances, in which what the colors themselves set free plays an important role.

His attitude corresponds to the following maxim from an old Japanese handbook on the art of gardening: "The stone must be placed where it wants to be." Through the repeated application and removal of layers of paint, pictorial space is constructed on its own.

In an edition of polaroids by Andrei Tarkovsky, in the volume, *Instant Light,* is the statement: "The artistic image is one that manifests its development of its own volition. Consequently the image is a seed, a self developing organism with feedback loop. It is the symbol of life as opposed to life itself. Life includes death. The image of life either excludes death or it looks at death as the only possibility for the confirmation of life."

If you were to look for the greatest possible contrast to the aforementioned high gloss aesthetics of the fashion industry, whose vanity always is sufficient to itself, you would find it probably in *The Black Garden* that the American concept artist, Jenny Holzer, installed between 1992 to 1995 in the German city of Nordhorn as a central memorial for the fallen soldiers as well as for the racially and politically persecuted of that city. The artificial garden, comprising a total of 3,447 square meters, consists of the original memorial from 1929, various name and commeoration plaques concerning the heavy-laden German history from the Franco-German War of 1870/71 until the end of the Second World War—in addition to beds of foliage, tree plantings, paths, and benches made out of local Bentheim sandstone...

Wizemann's body of work does not reflect any concrete stimulus (I will hark back to that later) that links it to Jenny Holzer's work, except certainly as one of the associational fields of the color black: death, grief, recollection, and remembrance. This is the majestic theme of the color black in the Western world and as such it is omnipresent in Wizemann' suite of paintings. *The*

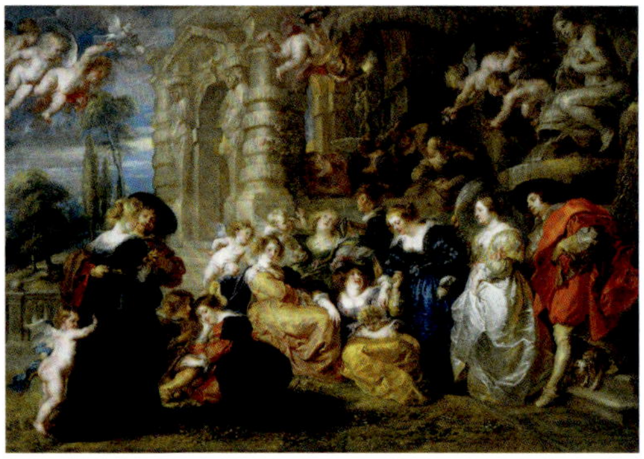

Peter Paul Rubens, *The Garden of Love,* 1632, Prado, Madrid

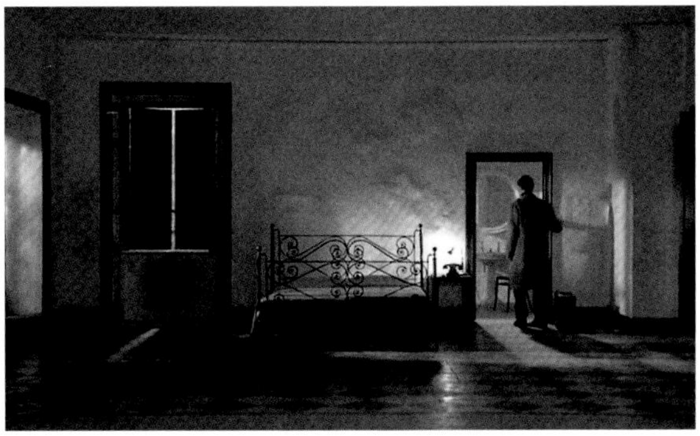

Andrei Tarkovsky, *Nostalghia,* 1983, Film Still

Black Garden is a deeply melancholic work, as if Albrecht Dürer's Melencolia (literally, one with black gall) had conceived it in a particularly dark hour.

Nevertheless, Wizemann's body of work is neither memorial nor cemetery. The title, *The Black Garden,* may appear to you as an oxymoron—a twist such as Schwitter's "cold embers" or Paul Celan's "black milk", or "black snow, white raven, wooden iron," or "silent cry"—as a fertile joining of opposites.

This title contains a paradox that art can solve, as Derek Jarman points out in his book of thoughts, *Chroma*—even if black gardens do not exist, art has brought them forth: "Melanosis, butterflies that turn black in order to escape animals of prey. / Black beetles. Cockroaches. Black panthers prowling black sheep. Black swans and ravens. / Black flowers are violets, black as velvet. Black tulips with a hair of purple and black hellebores that bloom in winter. There are white gardens but no black ones."

Reading the title *The Black Garden* as an oxymoron, it simultaneously contains the paradox of life, of which death is part. Anybody who walks through moorlands can observe that new life springs out of dead matter. The cyclical economy of becoming and passing keeps every biotope going. If only humans could succeed in restricting their interventions in the course of events in such a way as to prevent their actions from disturbing all that maintains itself! A recent concept that is applied in the maintenance of upland moors is called, "cradle to cradle". It originated with the book *Cradle to Cradle: Remaking the Way We Make Things,* published in 2002, by the American architect, William McDonough and the German chemist, Michael Braungart. The book promotes a particular vision of sustainability, in which plants are allowed to wither and die in the place where they grew and thus to create the fertile ground for the "cradle," for the next generation. The concept has found its way into environmental sciences and economics.

In Günther Wizemann's *Black Garden* colorful balls of thread rise up from or sink back into the glistening black. In floral or microscopic patterns, organic forms hover—recalling Francis Bacon's treatment of flesh—fingerprints of the color, amorphous traces of color that stimulate the senses and fantasy. What Adorno stated in his posthumously published *Aesthetic Theory* (1970), naturally is true for them, "Works of art are images not as likeness but as vision." Wizemann is not concerned with mimesis but with *aisthesis* and *poieses.* Nonetheless the viewer will read into the aesthetic phenomenon whatever he or she may be capable of. Thus you could have the idea to reach for Adalbert Stifter's book, Colorful Stones (1853) and to wonder which picture may correspond to a title from Stifter's collection of stories: which could be called *Granite,* which *Limestone, Tourmaline, Rock Crystal, Muscovite,* and *Moonmilk?* Stifter subtitled his collection of stories, *A Present,* and thus there is something festive about this idea, too. If you approach the works in such a manner, you are in a holiday mood, freed from everyday life.

Wizemann calls his black paintings "a construction into light". That recalls the white Christmas rose, the root of which is black. And do the amorphous forms in these paintings not rise up from the dark ground like air bubbles from the cool, black depth of a pond or just like Christmas roses from the dark of the life-giving, all-crushing earth?

The exclamation "oh, tyranny of light" from Max Hölzer's volume of poetry, *Nigredo* (1962), refers to the light of the everyday hustle and bustle that drives back the aesthetics of shadows, the unconscious, and the secrecies of night. Similar to this German-speaking surrealist, the Romantics adored the all-darkening, limitless night, out of which strange voices become audible and strange shapes emerge—barely discernible, pushing forward into another kind of light, one that is not tyrannical. "What springs up all at once so sweetly boding in my heart, and stills the soft air of sadness? Dost thou also take a pleasure in us, dark Night? What holdest thou under thy mantle, that with hidden power affects my soul? Precious balm drips from thy hand out of its bundle of poppies. Thou upliftest the heavy-laden wings of the soul. Darkly and inexpressibly are we moved", as Novalis writes in his *Hymns to the Night* (1800).

That there are floral patterns in Günther Wizemann's *Black Garden,* as suggested by the title, is by no means a mistaken association. The flower motif can already be found in the early works of the painter; for instance, in the color studies from the second half of the 1970s in works titled, *Kampf im Mais, Opium,* etc. that could just as well be cutout rectangles from the paint palette of Monet, Gaugin, or Segantini. Beginning in 2003 the flower motif distinctly reappears in Wizemann's work. Besides in *The Black Garden,* it has found its way still more explicitly in the black-white-grey series, *Natura Morta—Camellia* (2003–2009). Flowers, just as the night, are firmly anchored in Romanticism's symbolic treasure chest of images.

However, Günther Wizemann drew the idea for the title of his group of works *The Black Garden* neither from Conceptual Art nor from Land Art; neither from horticulture nor from a Neo-Romantic inspiration. In the studios and libraries of painters you always can find books that a man of letters would overlook at any antiquarian or regular book store but a painter would not. Such a book is the inconspicuous "Zurich legend" by the Swiss novelist Gottlieb Heinrich Heer (1903–1967) titled, *The Black Garden* (Scientia, Zurich 1945); you can find the book in the painter's library, it inspired the title for his work.

From 1534–1834, skilled barber surgeons practiced their profession in a building at the square, Stüssihofstatt, in Zurich. The building was called the "House of the Black Garden" and the barber surgeons called themselves the "Society of the Black Garden". Heer tells about this house and garden in the legend, set in the high medieval. The protagonist is a bellfounder. This circumstance alone won Wizemann's sympathy for the text because the name of this old profession reminded him of Tarkovsky's adaptation of the life of the Russian icon painter, Andrei Rublev, in the eponymous 1966 film. The film shows how Andrei is overcome by a severe crisis in his painting; confronted with the evils of the time, he completely loses his sense for painting and sinks into idleness and self-imposed silence. He is helped out of this crisis by a young boy, who claims that his father taught him the secret of the metal composition for a bell that is about to be cast. Although the boy's story is untrue, the bell is successfully cast and this moves the boy to tears and causes Andrei to take up painting icons again. Up to that point the film is black and white, and only at the end, as the camera pans across various icons painted by Andrei, does it switch to color—an idea that borders on the miraculous.

Heer's legend tells how the bellfounder, Felix, brings back his beloved, Sulamith, from a crusade in the Orient. Literally the bellfounder's name means "the fortunate; the one who is favored by good luck" and in the legend the name is a reference to the canonized martyr Felix, the patron saint of Zurich, who along with the martyr Regula and their common servant, Exupe-

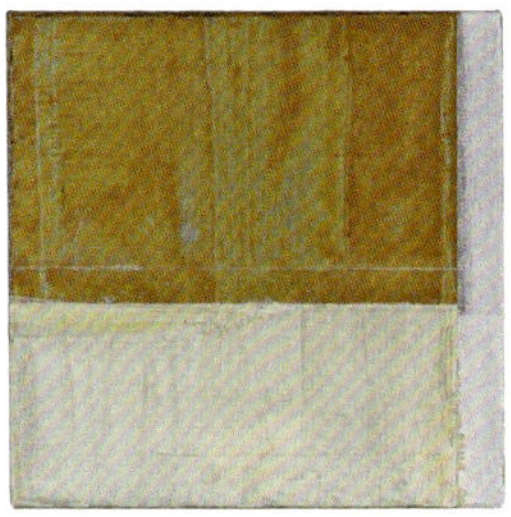

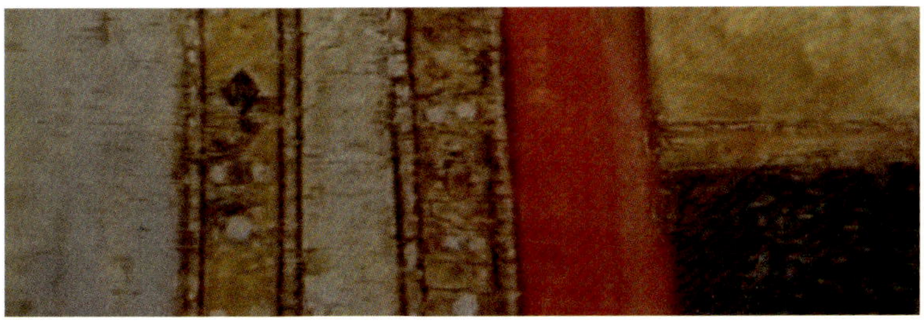

Günther Wizemann, *T für Tschichold,* 1980, Öl auf Leinwand, 43x43 cm
Andrei Tarkovsky, *Rublev,* Film Still, 1966

rantius, were beheaded on a small island in the river, Limmat, at Turicum (Latin name of Zurich) at the time of the Diocletian persecution of Christians. The name of his beloved comes from the Old Testament, from the *Song of Solomon,* which came into the biblical canon only against great resistance, instead of being relegated to the apocrypha. The *Song of Solomon* consists of numerous love, shepherd, and wedding songs that are among the most beautiful texts in world literature. Some excerpts are said to be explicitly about eroticism, which since ancient times in all cultures has been associated with the topos of gardens; the panel paintings of *The Black Garden* also relate to the love that connects, in Heer's legend, the bellfounder, Felix, and his foreign spouse. About Sulamith the *Song of Solomon* says:

How beautiful you are, my beloved!
Oh, how beautiful!
Your eyes behind your veil are doves.
Your hair is like a flock of goats
descending from the hills of Gilead.
[…]
Your teeth are like a flock of sheep just shorn,
coming up from the washing.
Each has its twin;
not one of them is alone.
[…]
Your lips are like a scarlet ribbon;
your mouth is lovely.
Your temples behind your veil
are like the halves of a pomegranate.
[…]
Your breasts are like two fawns,
like twin fawns of a gazelle
that browse among the lilies.
[…]
Your lips drop sweetness as the honeycomb, my bride;
milk and honey are under your tongue.
The fragrance of your garments
is like the fragrance of Lebanon.
[…]
Your plants are an orchard of pomegranates
with choice fruits,
with henna and nard,
nard and saffron,
calamus and cinnamon,
with every kind of incense tree,
with myrrh and aloes
and all the finest spices.
[…]
Who is she that looketh forth as the morning,
fair as the moon,
clear as the sun, and terrible as an army with banners?
I went down into the garden of nuts
to see the fruits of the valley,
and to see whether the vine flourished
and the pomegranates budded.

The name Sulamith contains the Semitic "shalom," "salaam;" the name means "the one who loves peace, the peace-loving, the peaceful, the one who brings peace, pacification, fulfillment." The beloved in the *Song of Solomon* at times recalls a master of animals, she appears as a daughter of noble descent, but also as the dark skinned keeper of a vineyard. It is said about her—so that readers really will imagine the most beautiful woman, they can possibly imagine—"Thou art all fair, my love; there is no spot in thee." Thus Sulamith from the Song of Solomon belongs to the series of women who have been sung about because of their unsurpassable beauty; she is a Helena from the Near East; an archaic Isolde; a Palestinian Beatrice or Laura; a rural Suleika; an early Nubian queen.

In Heer's legend, which 70 years after its publication has gained an unexpected relevance because of immigration, people call the beautiful Sulamith the black one because of her black hair, the garden that she maintains behind the house of her husband, Felix, they call the black garden. After an outbreak of plague, the xenophobic people accuse the black-haired Sulamith and blame her for the pestilence. "Thus the accusations came first as a rumor, seething restrainedly and hidden—from a distance—around Sulamith's garden; by and by they became more audacious and louder and then swiftly circled around the piers of the house. Like rising water that breaks out of an opened lock, then surges and finally overflows the boundaries to become a destructive flood, the flood of accusations finally freed the suffering people from the inhibitions of a crippling ban. The flood did its work and finally raged unbridled and directly against Sulamith's life; circling around itself in vortices and at the same time propelled by the confusion of ideas, how a black soul in her black garden had fallen for black magic and therefore conjured the Black Death. Meanwhile the victim herself had no idea of the danger with which the abysmal and truly night-like blackness of human madness was covering her slowly and unstoppably."

Relevant in our context are the various connotations that Heer attributes to the color black: magic, disease, and spiritual chasms. Wizemann, too, talks about the "alchemy of colors", melancholy, and a dark longing, when talking about painting—although, in contrast to Heer, beyond good and evil without a moralist judgement and without believing in Satan—painting as magic, as an endeavor in alchemy—as an attempt to find the philosopher's stone. The alchemist works in a laboratory, the painter in a studio; the alchemist works with substances, the painter with colors. Günther Wizemann laid open the palette of his "alchemy of colors" in his multipart work, Chroma; the work that originated between 2002 and 2012 that is partially parallel to *The Black Garden. Chroma* consists of numerous large-format images that either are monochromatic or show seven rectangular color fields on white ground. The latter emerged from the work on paper, Colorado (1988–1990). From the group of works, *Chroma,* the work most relevant for our context is the one containing seven black rectangles, in which each rectangle features a different hue of black.

The problem of racism that propels Heer's legend—because of the color black—is also linked to the Black Power Movement and its slogan "Black is Beautiful." The volume *12 Million Black Voices* (1941) by Richard Wright, the author of *Native Son* (1940) with its racialized translation of the title as *Wir Neger in Amerika* (Büchergilde Gutenberg Zürich 1948; Typographie: Richard Paul Lohse), which later was replaced by *Schwarz unter Weiss–fern von Afrika,* has been in Wizemann's library for a long time.

The lovers in Heer's legend, at the last minute, can avert the judgement of God imposed by the bailiff. The couple, first threatened by the mob and then by the court, is proven innocent. In the end Felix and Sulamith can lead a carefree life in the house of the black garden. "But Sulamith hardly ever left the house and garden, which was still called the "black garden," although now in a mysterious and more refined sense, as if it signified the clear starlit night of salubrity."

The color black can have something sordid, even something uncanny about it, if we recall, for instance, the term, *série noir,* or the association of the color with the world of Gothic novels. Nevertheless, there also is something noble and exquisite about the color black, if we think, for instance, of Chinese mother-of-pearl lacquer painting. The panel paintings of Günther Wizemann's *Black Garden* also emanate something noble, aristocratic, and respectful of quality. "Humans can be democrats, an artist has to split in two and must remain an aristocrat", Stéphane Mallarmé once wrote; Günther Wizemann is such an aristocrat—not by origin but in attitude. His works do not need any religious excess and are also without any pomp; they appear entirely natural in a space, like a window with its shutters closed, a dark screen or a plain, black-lacquered Japanese table. Hokusai (1760–1849), to whom Wizemann dedicated the manganese-blue *Stroke for Hokusai,* distinguished between a "black that is old and a black that is fresh." Hokusai's remarks on the color black heighten the senses for a perception of its nuances. He explains, "There is a black that is old, and a black that is new. Radiant black and dull black, black in sunlight and black in shadows. For the old black you must add a bit of blue; for the dull black a bit of white; for a radiant black you must add a bit of resin. In sunlight black must emit grey reflections." Wizemann's black is fresh, bright with resin mixed in; his black produces grey reflections in sunlight. Other observations could be made. *The Black Garden* would suit itself well for a phenomenology of the color black. And a metaphysics by introducing thoughts such Lao Tse's sentence, "the tao is unclear and dark," often quoted by Ad Reinhardt, or the definition of God XXI from the *Book of 24 Philosophers* published by Kurt Flasch, "God is the darkness in the soul, which remains after all the light". In the context of metaphysically charging the color black, I would like to point out the significance of the Kaaba, the black cube of Mecca, as well as the Black Stone encircled by a silver band at the Kaaba's eastern corner, the starting point for pilgrims on their sevenfold circumambulation of the Kaaba. Abraham (Ibrahim) is supposed to have received the Black Stone from the hands of the archangel Gabriel (Jibrail) as a present from paradise. And Muhammad himself is said to have set the stone in the Kaaba and kissed it. "It has been cemented together to form three large and several small, differently shaped pieces of basalt or lava that originally were one stone encircled by a silver ring of a diameter of c. 0.75 meters. From the ritual kissing by the pilgrims, the Black Stone has been polished and so deeply hollowed out that a human head would fill the opening," according to the *Islam-Lexikon.* Derek Jarman was therefore absolutely right when he remarked in *Chroma,* "Behind the green center of the Muslim world lies the Black Stone."

Adding to the metaphysical levels of the color black several more associations, you could think of the dark primary ground of all being, the darkness of chaos, that motherly chaos which precedes every creation; or parallel to that, think of the *prima materia* (first matter) of the alchemists; the nigredo (blackening), also called *sol niger (black sun);* the first stage of the *opus magnum,* the uncovering of the secret stone of wisdom, *lapis philosorum occultus.* This first step of the alchemical process is also called putrefaction ("rotting, decay, fermentation"). "There is no creation without preceding putrefaction. No new life can exist without precedent decay. Through putrefaction the dampness of the root in its purest form is exposed and with its help the alchemist can proceed with new deeds. Black, absolute, darkest black: the color that is not a color; that is the color of putrefaction. And the pitch black raven is therefore precisely its symbolic animal," as Rudolf Gamper and Thomas Hofmeier explain in *Alchemiehandbuch des Appenzeller Wunderarztes Ulrich Ruosch* from the seventeenth century. It is interesting that the alchemist often packed the substance for producing nigredo in horse manure and buried it, leaving it to die as in a grave in order to enable the rebirth of its spirit on a higher, second level—symbolized in colors by the albedo (whiteness), that is, the increasing light of the nigresence up to the ultimate, spotless white. Against this background you may meditate on some pictures from Wizemann's *Black Garden* as different degrees of albedo.

Heer writes about the bellfounder Felix in one passage, "The hand of the bell founder remained on the picture for a while and he felt a quiet longing in his heart because each work that he completed—as much as it filled him with joy and satisfaction—resembled a piece of his own humanity, which to part with and give away made him feel a certain pain." Günther Wizemann also feels this strange pain toward his work—the "great Hoffmann" (Baudelaire) perverted this pain in the character of René Cardillac in the story, *Madmoiselle de Scudery* (1819), when it pushes the goldsmith to kill the buyers of his jewelry pieces in order to return them to his possession.

Wizemann's last solo exhibition took place in 1994, followed by a period of hardly any appearances in public, aside from participation in occasional group exhibitions. Moreover, what followed was quiet, thoughtful, calm working for years and decades—completely outside the art world. Up until the mid-1990s, Wizemann had exhibited regularly, predominantly with the gallery owner, Susanna Kulli. There Wizemann moved in an environment shaped by artists such as John Armleder, Helmut Federle, Gerhard Merz, Olivier Mosset, and Gerwald Rockenschaub. There was an element of rigidity, balanced geometry, and constructiveness in Wizemann's work from that time. In this phase he was concerned with definite color fields, intensity of clarity and precision in space, and with measure, proportion, color, and light. At the end of the 1980s, Wizemann's plaster works, *Mayflower,* which originated as sculptures, fulfill the aforementioned criteria, although in their color and material, on the color surfaces of the plaster block, they display inherently painterly characteristics: blurring, streaks, and grinding marks. In this respect these works of plaster—recalling cargo, containers, harbors and the sea air itself—signify a turning point in Wizemann's work, which then became visible to the public. What followed, apart from various individual works, were the series of works, *Chroma, Natura Morta—Camellia,* and *The Black Garden.*

At Taos, New Mexico, the landscape in which Agnes Martin (1912–2004) lived and worked for a long time, he made not only the plan for *Sky above Moriarity,* but also the one for an important picture preceding *The Black Garden:* the oil painting, *Martinez Hacienda* (1990–2002). It shows the floor plan of the hacienda, its double interior courts, two squares that each could hold a garden, and it shows the letters E and a horizontal T, thereby connecting to older works by Wizemann containing various sign themes. At the same time it remains within the area that the painter defined early on, "I draw a line, the base line. I draw a horizontal and a vertical line." However,

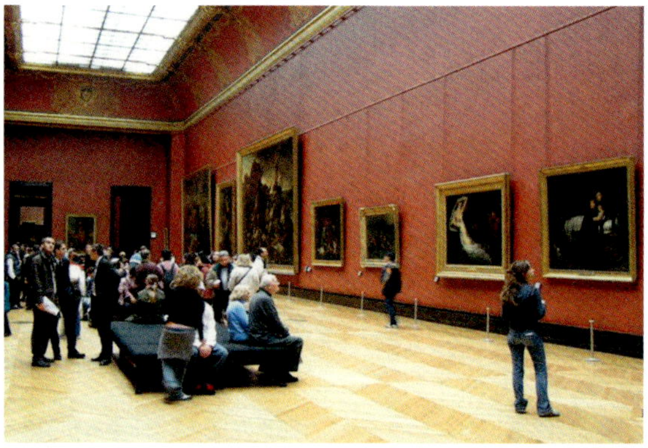

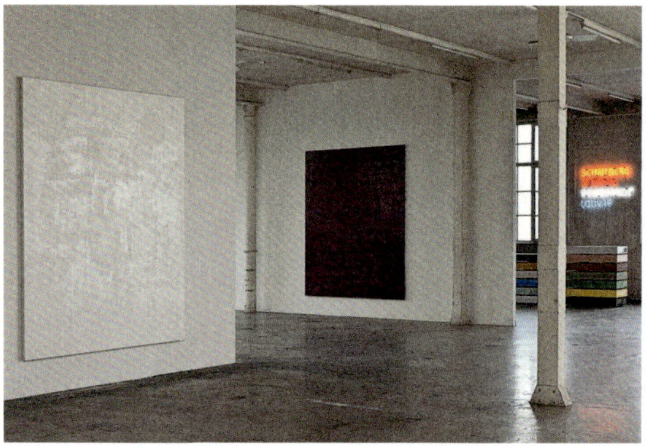

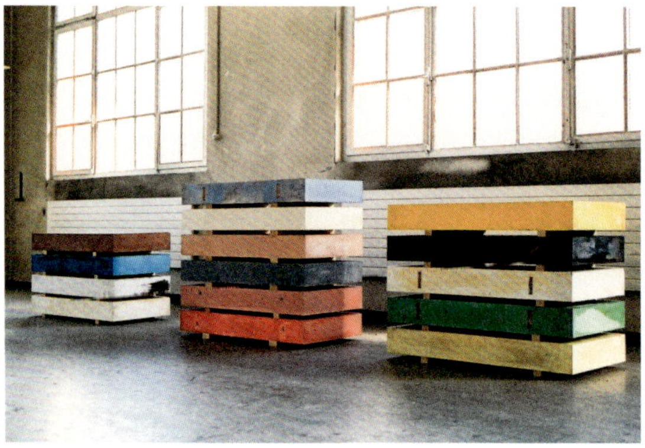

Musée du Louvre, Paris
Atelier Günther Wizemann, *Chroma, Neonschrift,* 2009
Atelier Günther Wizemann, *Mayflower,* 1989/90

with its choice of colors and technique, *Martinez Hacienda* portends *The Black Garden.* Thus this painting represents a turning point and a transition in the development of Günther Wizemann's work. And it contains a radiant black, which mirrors what is going on in front of it.

However, the theme of reflecting surfaces mentioned at the beginning, emerges early on in Wizemann's work, for instance, in the tin-grey, asphalt-roughened surface of *Roter Stern Belgrad* from 1978, a confrontation with the artist's Slavic background, and in the two mirror works from 1981, shown at the conference center, Kartause Ittingen. In hindsight, the smoothly treated surfaces of three small monochrome works from 1989—a deep blue, a brown, and a black painting—can likewise be detected as preliminary stages for the coming black cycle.

Today, after years in Tessin, Wizemann is again working at a factory site at Lake Constance. In Tessin, from 1998–2002, Eva and Günther Wizemann lived in an architectural icon by Richard Neutra (1892–1970), Casa Bucerius, built in the 1960s and situated at Val Resa 530 meters above Lago Maggiore. Wizemann's studio at that time was located in the Antica Salla degli Orelli at Locarno; he used the modernist building by Neutra as his "think studio." Optically fascinating reflections can be observed at all times in the reflecting pools (a big theme in Neutra's architecture) of this villa. There is no railing along the terraces to block the panoramic view, instead the border is delineated by broad, shallow strips of water. They reflect the continuous spectacle of the sky, the transformation of clouds, the changes in daylight… *Et quand il pleut…*

The Russian film director, Vsevolod Pudovkin (1893–1953) remembers, "Sometime in the summer of 1930, I attended a meeting at the House of Labor. The work ended. Outside in the streets a hard rain fell and we had to bide our time. Sitting inside I looked out the window that was opened toward the garden and watched how magnificently powerful jets of water fell evenly and calmly onto the stone window sill. The round drops bounced upward, not very high, at times big, glistening and somersaulting, and at other times small and disappearing into air. The drops moved, falling in manifold curves and a complicated but clear rhythm. Sometimes some jets united to become one. Water hit the stone, broke up in a translucent fan, fell and again big round drops came charging and crisscrossed with the fine splashes that were flying asunder. Remarkable rain! I was not only watching it but felt its full freshness, its wetness, and its wonderful abundance. I felt immersed in it. It poured on my head and shoulders. Surely the earth had by now stopped absorbing the rain and was overfilled to the edges. As often in summer, the rain ended almost abruptly, its last drops lost in the sun. I stepped out of the house, walked through the garden and stood still to look at someone cutting with a scythe. […] The scythe sank into the tall damp grass, which having been cut, slowly fell to the ground with a motion so soft that is impossible to convey. […] How to record, how to pass on such full and deep sentiments of real processes that have overcome me twice in one day? […] And suddenly, finally I found it! I understood that the human mind—immersed, examining, and receiving in its perception—changes fundamentally the true spatial and temporal relations, approaching that which is distant and slowing down that which is fast."

The experience that Pudovkin—the author of the famous film on revolution, *The Mother* (1926)—records here with all the senses available, provides a suitable springboard for a receptive state for Wizemann's early oil paintings, *Il pleut* (1979/80; in addition, a work on paper dedicated to El Lissitzky also stems from this period: the drip painting, *Pelikan 140,* because the elegant piece of paper shows on its edge the handwritten, terse statement "il pleut" = it is raining). After all,

Wizemann comes largely from a tradition that was initiated by the modern Russian avant-garde: Malevich, Tatlin, and Rodchenko have long been beacons for these painters. Nevertheless, it was not the formal aspect alone that fascinated him about the Russian avant-garde, it has been rather the sensuous element that has to be tied to abstraction to make it appear vibrant instead of cold, vacant, and dead. Equally important is the timbre, the vibration that the arrangement of color surfaces evoke in space; the breath of a picture; its aura—"the opium," as Wizemann calls it. Therefore Paul Valery's expression of "mathematical opium" suits his art like no other!

In the early 1970s Wizemann attended the Zurich School for Applied Arts and studied under Hans Rudolf Bosshard, whose lessons not only comprised his special field, typography, but also art history, painting, photography, and architecture. "Meeting him, a master in his subjects, was decisive," says Wizemann about his friend HRB. After studying Russian Modernism the question arises: what can be painted after Malevich's *Black Square* or Rodchenko's *Tryptich?* Mario Merz's beeswax-filled aluminum tub with the neon sign, *che fare?* from 1968—referring to Lenin's main work, *What is to be done?* (1902), or by extension, Chernyshevsky's novel, *What is to be done?* which he wrote in prison—also became programmatic for Wizemann: what to make, what is to be done? Or as Barnett Newmann formulated it, "What to paint?" This question, which can lead either to apathy or through point zero to a new creation, always arises anew. *Il pleut* was a possible answer in 1979/80. The title of the oil painting identifies Guillaume Appollinaire paranthetically as its reference value from modernism. Appollinaire (1880–1918) first published the calligram, *Il pleut,* in 1916 in the magazin *SIC,* then in his 1918 *Calligrammes—Poems de la paix et de la guerre* (1913–1916):

it's raining women's voices as if they were dead even in memory
it's raining you too marvelous encounters of my life oh droplets
and those clouds rear and begin to whinny a universe of auricular cities
listen to it rain while regret and disdain weep an ancient music
listen to the the fetters falling that bind you high and low

An unheard of breakthrough of freeing the word from the line occurs with Apollinaire's calligrams: a refined fusion of the signifier with the signified, in which the signifying language is arranged on the page so as to present simultaneously that which it signifies. A bull's eye, a precursor of concrete poetry, undoubtedly.

Il pleut. It is raining. The pronoun in French is male, in English neuter; the "it" that we are familiar with in statements such as "it is snowing," "it is thundering," and "it is storming" signifies nature, more specifically, nature in all its powerful, numinous strength that surpasses human beings and that many cultures venerate. In the rain this fertile and life-giving power unites heaven and earth.

The capturing of raindrops endeavors to fix the moment of their falling and striking. The rain embodies the passage of time. In Apollinaire the rain evokes memories, memories of the voices of women, encounters, an old piece of music... And what memories are gathered by Günther Wizemann's *Il pleut?* And by his *Black Garden?* Each observer may encounter himself or his shadow in these black works. Friedrich Nietzsche (1844–1900) jotted down a few sentences about such an encounter in his *The Wanderer and His Shadow,* in the second volume of *Human, all too Human,* with which the reader shall now be released from this excess and the door will be quietly shut: "As you know, I love the shadow as much as I love the light. The shadow is as necessary as the light—so there can be the beauty of the face, clarity of speech, along with goodness and firmness of character. They are not adversaries: rather they lovingly hold one another's hands; and when the light disappears, the shadow slips away behind it."

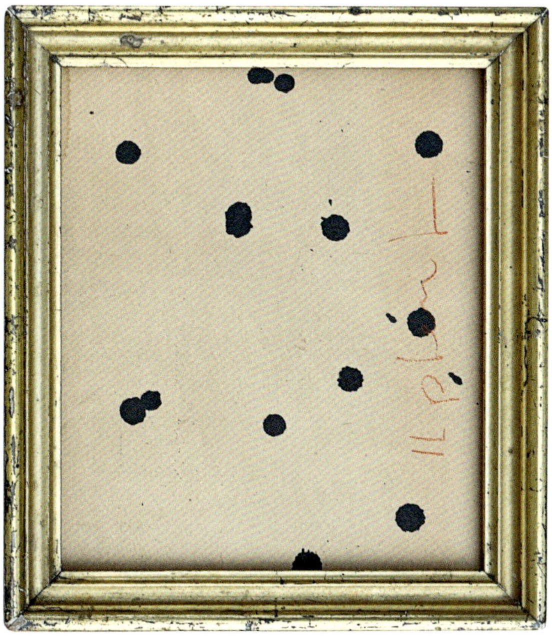

Pelikan 140, für El Lissitzky, 1977
Tinte auf Papier, 28×24 cm

Himmel über Moriarty, New Mexico, 1990
Öl und Kunstharz auf Leinwand, 50×60 cm

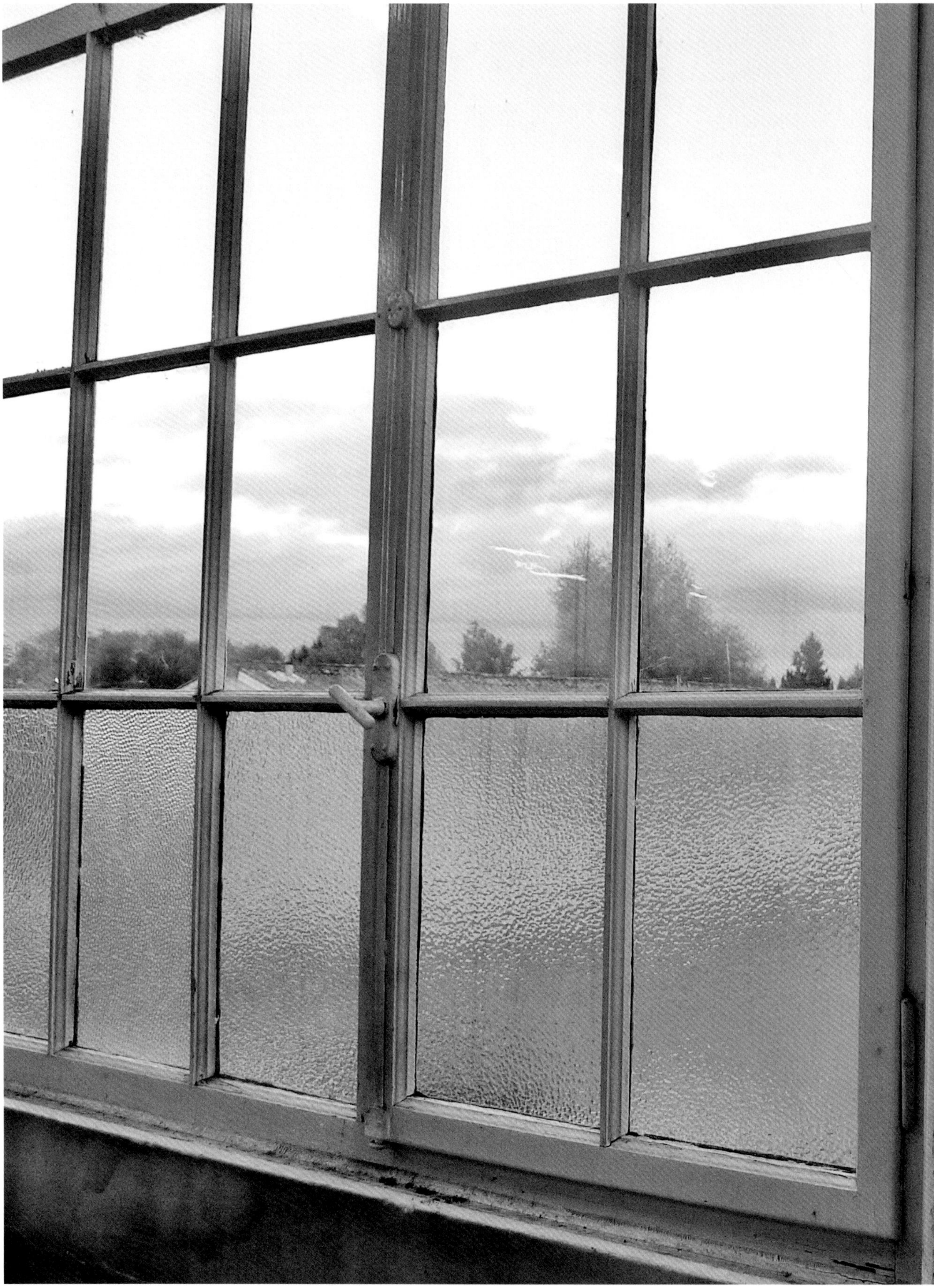

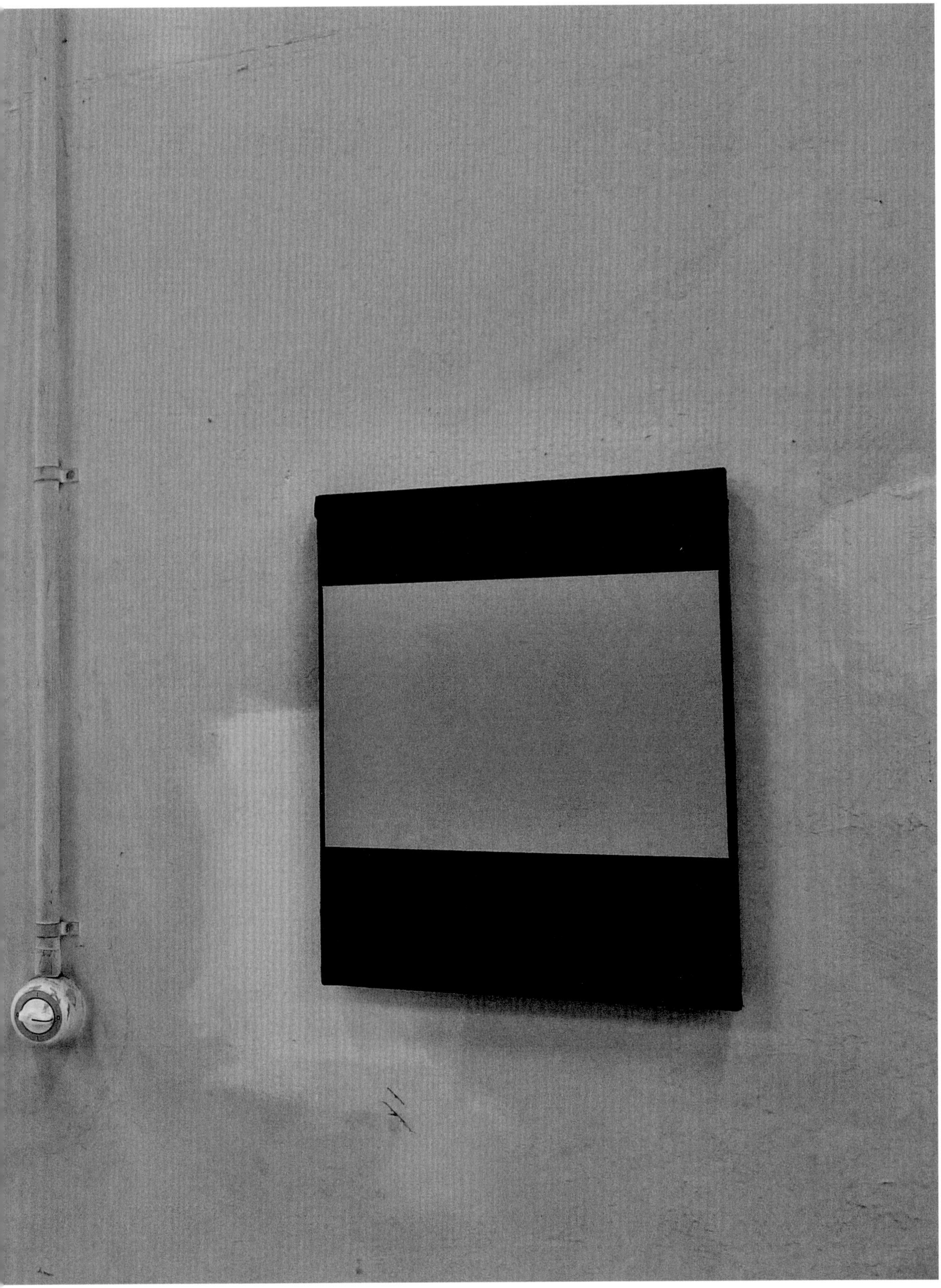

Vorangehende Doppelseite / Preceding double spread:
Atelier Günther Wizemann, Fotografie: Minky Schweizer, 2013

Quellenangaben / References

Theodor Wiesengrund Adorno: *Ästhetische Theorie* (hrsg. v. Gretel Adorno und Rolf Tiedemann). Frankfurt a. M. 1970

Guillaume Apollinaire: *Es regnet* (aus dem Französischen von FV). Unpubliziert. Quelle: Guillaume Apollinaire: Calligrammes. Paris 1966

Charles Baudelaire: Die künstlichen Paradiese (aus dem Französischen von Hannelise Hinderberger). Zürich 1988

William Blake: *Zwischen Feuer und Feuer – Poetische Werke* – Zweisprachige Ausgabe (aus dem Englischen von Thomas Eichhorn). München 1996

Michael Braungart / William McDonough: *Cradle to Cradle: Remaking the Way We Make Things.* New York 2002

Paul Celan: *Todesfuge.* In: *Mohn und Gedächtnis,* in: Gedichte Bd. I. Frankfurt a. M. 1975

Das Hohelied. In: *Die Heilige Schrift des Alten und des Neuen Testaments* (Zürcher Bibel). Zürich 1955

Kurt Flasch: *Was ist Gott? – Das Buch der 24 Philosophen.* München 2011

Rudolf Gamper / Thomas Hofmeier (Hrsg.): *Das Alchemiehandbuch des Appenzeller Wunderarztes Ulrich Ruosch.* Basel/Muttenz 2002

Gottlieb Heinrich Heer: *Der schwarze Garten – Eine Zürcher Legende.* Zürich 1945

Ernst Theodor Amadeus Hoffmann: *Das Fräulein von Scuderi.* Stuttgart 1986

Max Hölzer: *Nigredo – Gedichte.* Frankfurt a. M. 1962

Hokusai: *Es gibt ein Schwarz, das...* Zit. nach Ad Reinhardt: *Schriften und Gespräche* (hrsg. v. Thomas Kellein, aus dem Amerikanischen von Eckard Schreiber). München 1998

Islam-Lexikon – Geschichte, Ideen, Gestalten (hrsg. v. Khoury, Hagemann und Heine), 3 Bd. Freiburg/Basel/Wien 1991

Japanisches Handbuch der Gartenkunst. Zit. nach Ursula Seibold-Bultmann: *Poesie der Geometrie – Zum Werk der in Japan und London tätigen schottischen Architektin Kathryn Findlay.* Neue Zürcher Zeitung, 2. August 2014

Derek Jarman: *Chroma – Ein Buch der Farben* (aus dem Englischen von Almuth Carstens). Berlin 1995

Lao-Tse: *Tao Tê King* (aus dem Chinesischen von Victor von Strauss). Zürich 1959

Stéphane Mallarmé: *Sämtliche Dichtungen* (aus dem Französischen von Carl Fischer und Rolf Stabel). München/Wien 1992

Barnett Newman: Selected Writings and Interviews. Berkeley, California, 1992

Friedrich Nietzsche: *Menschliches, Allzumenschliches.* In: *Werke in drei Bänden* (hrsg. v. Karl Schlechta), Bd. II. München 1966

Novalis: *Hymnen an die Nacht.* Berlin 1983

Vsevolod Pudovkin: *Irgendwann im Sommer 1930...* Zit. nach Anke Hennig: *faktur und fRaktur – Transformatoren ästhetischer Erfahrung im Film.* In: Sonderforschungsbereich 626 (Hrsg.): *Ästhetische Erfahrung – Gegenstände, Konzepte, Geschichtlichkeit.* Berlin 2006

Ad Reinhardt: *Schriften und Gespräche* (hrsg. v. Thomas Kellein, aus dem Amerikanischen von Eckard Schreiber). München 1998

Kurt Schwitters: *An Anna Blume.* In: *Eile ist des Witzes Weile – Eine Auswahl aus den Texten* (hrsg. v. Christina Weiss und Karl Riha). Stuttgart 1987

Adalbert Stifter: *Bunte Steine – Ein Festgeschenk* (Buchgestaltung: Jan Tschichold). Basel 1944

Andrej Tarkowskij: *Lichtbilder – Die Polaroids* (hrsg. v. Giovanni Chiaramonte und Andrej A. Tarkowskij). München 2004

Timeless Painting – Exhibition Catalogue. Staatsgalerie Stuttgart. Stuttgart 1985

Nikolai Gawrilowitsch Tschernyschewskij: *Was tun?* (aus dem Russischen von M. Hellmann und H. Gleistein). Berlin 1947

Florian Vetsch: *Günther Wizemanns «mathematisches Opium».* In: *Günther Wizemann* (hrsg. v. Kunstmuseum des Kantons Thurgau und der Stiftung für konkrete Kunst, Reutlingen; mit weiteren Texten von Felix Philipp Ingold, Gabriele Kübler und Elisabeth Grossmann; Kataloggestaltung: Hans Rudolf Bosshard). Zürich 1989

Günther Wizemann (hrsg. v. Stiftung für konkrete Kunst, Reutlingen; mit Texten von Gabriele Kübler und Willy Rotzler; Katalogkonzept: Günther Wizemann und Hans Rudolf Bosshard). Reutlingen 1990

Richard Wright: *Wir Neger in Amerika* (aus dem Amerikanischen von Anita Hüttenmoser; Buchgestaltung: Richard Paul Lohse). Zürich 1948

Biografie/Biography

Günther Wizemann, geboren 1953 in Graz, Österreich, lebt in der Schweiz. Ausbildung als Schriftsetzer bei Jean-Pierre Graber. Kunstgewerbeschule Zürich, Typografie bei Hans Rudolf Bosshard. Studium der Malerei, Lithografie und Radierung am Salzburg College der Northern Illinois University. Mitarbeit am Institut für medizinische Optik und experimentelle Ästhetik an der Ludwig-Maximilians-Universität München, bei Prof. Dr. Ingo Rentschler und Dr. Christa Sütterlin.

Günther Wizemann, born 1953 in Graz, Austria, lives in Switzerland. Professional training as typesetter by Jean-Pierre Graber. Kunstgewerbeschule Zürich, studied typography with Hans Rudolf Bosshard. Studied painting, lithography and etching at Salzburg College of Northern Illinois University. Worked at the Institute for Medicinal Optics and Experimental Aesthetics at Ludwig-Maximilians-Universität Munich with Prof. Dr. Ingo Rentschler and Dr. Christa Sütterlin.

Einzelausstellungen/Solo exhibitions (Auswahl/Selection)

1979 Atelier Galerie Alfons Keller, St. Gallen, Schweiz.
1984 Galerie Susanna Kulli, St. Gallen, Schweiz.
1984 Galerie Claudia Knapp, Chur, Schweiz.
1986 Galerie Emmerich-Baumann, Zürich, Schweiz.
1986 Galerie Susanna Kulli, St. Gallen, Schweiz.
1989 *Gehirn und Kunst,* Galerie CC, Akademie Graz, Österreich.
1989 Kunstmuseum Thurgau, Kartause Ittingen, Schweiz.
1990 *Allein das Bild wird Wirklichkeit,* Stiftung für konkrete Kunst, Reutlingen, Deutschland.
1993 Ausbildungszentrum Wolfsberg UBS, Ermatingen, Schweiz.
1994 Galerie Susanna Kulli, St. Gallen, Schweiz.

Gruppenausstellungen/Group exhibitions (Auswahl/Selection)

1977 Zeche Amalie, Essen, Deutschland.
1980 *SUN-Fabrikprojekt* Bürglen (mit Karl Steffen), Bürglen, Schweiz.
1981 50 junge Schweizer Künstler, Kulturzentrum Seedamm, Rapperswil, Schweiz.
1982 *Von Dietrich bis Dulk,* Thurgauische Kunstsammlung, Villa Sonnenberg, Frauenfeld, Schweiz.
1983 *John Armleder, Helmut Federle, Marco Gastini, Gerhard Merz, Giuseppe Spagnulo, Henri Spaeti, Günther Wizemann,* Galerie Susanna Kulli, St. Gallen, Schweiz.
1984 *Bellevue-Projekt,* Kreuzlingen, Schweiz.
1985 Galerie Emmerich, Zürich, Schweiz.
1985 *John M Armleder, Helmut Federle, Marco Gastini, Guiseppe Spagnulo, Günther Wizemann,* Galerie Susanna Kulli, St. Gallen, Schweiz.
1986 *Auf dem Rücken des Tigers,* Shed-Halle, Zürich, Schweiz.
1987 *Offenes Ende – Junge Schweizer Kunst,* Kunsthalle Nürnberg, Deutschland.
1987 *Hier und Jetzt,* Hallen für Neue Kunst, Wil, Schweiz.
1987 *Sehen Sie junge Kunst,* Landesmuseum Zürich, Schweiz.
1988 *Umbruch 1978–1988, Regionale Aspekte,* Kunsthalle St. Gallen.
1988 *John Armleder, Helmut Federle, Joel Fisher, Marco Gastini, Gerhard Merz, Olivier Mosset, Gerwald Rockenschaub, Henry Spaeti, Giuseppe Spagnulo, Bernhard Tagwerker, Günther Wizemann,* Galerie Susanna Kulli, St. Gallen, Schweiz.
1988 *helvet art,* St. Gallen, Schweiz.
1988 *7 Künstler aus der Schweiz,* Galerie Edition Artelier, Graz, Österreich.
1988 *7 Künstler aus der Schweiz,* steirischer herbst, Forum Stadtpark Graz, Österreich.
1989 *7 Künstler aus der Schweiz,* Galerie der Stadt Prag, Tschechische Republik.
1991 *eikon = das Bild, Christliche Ikonen und moderne Kunst,* Stiftung für konkrete Kunst, Reutlingen, Deutschland.
1996 *Die konkrete Zeit, Gegenstände eines Jahrhunderts,* Stiftung für konkrete Kunst, Reutlingen, Deutschland.
1997 *Regel und Abweichung: Schweiz konstruktiv 1960 bis 1997,* Haus für konstruktive und konkrete Kunst, Zürich.
1998 *40 Jahre konstruktive Kunst in der Schweiz,* eine Ausstellung im Frankfurter Kunstverein, Frankfurt am Main, mit dem Haus für konstruktive und konkrete Kunst Zürich.
1998 Teil der Ausstellung: *Kunst ohne Unikat,* Edition Artelier 1985–1998, Neue Galerie am Landesmuseum Joanneum, Graz, Österreich.
2003 *Modelle des Konkreten,* Werke der Sammlung, Stiftung für konkrete Kunst, Reutlingen, Deutschland.
2005 *Swissmade,* Galerie Lendl, Palais Wildenstein, Graz, Österreich.
2006 *Additiv Parallel Synchron,* Werke aus der Sammlung, Stiftung für konkrete Kunst, Reutlingen, Deutschland.
2007 *Der zweite Blick,* Werke aus der Sammlung, Stiftung für konkrete Kunst, Reutlingen, Deutschland.
2013 *Konstellation 5. 71 Jahre – 71 Werke,* Kunstmuseum Thurgau, Ittingen, Schweiz.
2014 *Elementare Malerei,* Kunstmuseum St. Gallen, Schweiz.
2015 *Kabinettstücke,* Sammlung Gabriele Kübler, Stiftung für konkrete Kunst, Reutlingen, Deutschland.

Diese Publikation dokumentiert Gemälde aus dem Werkzyklus *Der schwarze Garten* 2003–2013, zusammen mit einer Auswahl von frühen Arbeiten aus Günther Wizemanns Gesamtwerk.
This publication documents paintings from the cycle of works *Der schwarze Garten* 2003–2013, together with a selection of early works from Günther Wizemann's oeuvre.

Autoren / Authors
Giorgia von Albertini (*1992) ist Kunsthistorikerin und freie Kuratorin. Seit 2015 arbeitet sie u. a. als Archivarin und Assistentin für die Schweizer Kuratorin Bice Curiger.

Giorgia von Albertini (*1992) is an art historian and an independent curator. Since 2015 she has been working as an archivist and assistant for the Swiss curator Bice Curiger.

Florian Vetsch (*1960) lebt in St. Gallen, wo er am Gymnasium die Fächer Philosophie und Deutsch unterrichtet. Er promovierte 1992 in Philosophie und veröffentlichte danach Poesie, Tagebücher, Essays, Anthologien. Er übersetzte Jack Black, Paul Bowles, Ira Cohen, Mohammed Mrabet u. a. m.

Florian Vetsch (*1960) lives in St. Gallen, Switzerland, teaches philosophy and German at an academic secondary school; Florian Vetsch wrote his doctoral thesis in philosophy in 1992 and since then has published poetry, diaries, essays, and anthologies. He has translated works by Jack Black, Paul Bowles, Ira Cohen, Mohammed Mrabe, among others.

Impressum / Colophon

Konzept / Concept
Günther Wizemann, Corinne Sauder

Prägung auf Leinen / Stamping on linen
Martinez Hacienda (Grundriss), Taos, New Mexiko

Gestaltung und Satz / Design and typesetting
Susanna Entress, Urs Stuber

Lektorat deutsch / Copyediting German
Miriam Seifert-Waibel

Korrektorat deutsch / Proofreading German
Maike Kleihauer

Fotografie / Photography
Heinz Köppel, Rorschach

Übersetzung ins Englische, Lektorat und Korrektorat / Translation into English, editing, and proofreading
Ralf Jaeger, Carolyne Prescott

Lithografie, Druck und Bindung / Lithography, printing and binding
DZA Druckerei zu Altenburg GmbH, Thüringen

Bildnachweise / Photo Credits
Seiten/pages 14 und/and 133: Candida Höfer, *Museo Civico, Vicenza II 1988,* Fotografie, 36 x 52 cm
Seiten/pages 15 und/and 134: Peter Paul Rubens, *Der Liebesgarten,* 1632, Öl auf Leinwand, 199 x 286 cm, Prado, Madrid
Seite/page 18: Andrej Tarkowskij, *Rubljow,* Film Still, 1966
Seite/page 22: Belvedere Museum, Wien, museumsfernsehen.de, *Rembrandt – Tizian – Bellotto*
Seite/page 135: Andrei Tarkovsky, *Nostalghia,* 1983, Film Still
Seite/page 135: Andrei Tarkovsky, *Rublev,* 1966, Film Still
Seite/page 142: Musée du Louvre, Paris, aparisguide.com

Verlag Scheidegger & Spiess AG
Niederdorfstrasse 54
CH-8001 Zürich

www.scheidegger-spiess.ch

ISBN 978-3-85881-550-7

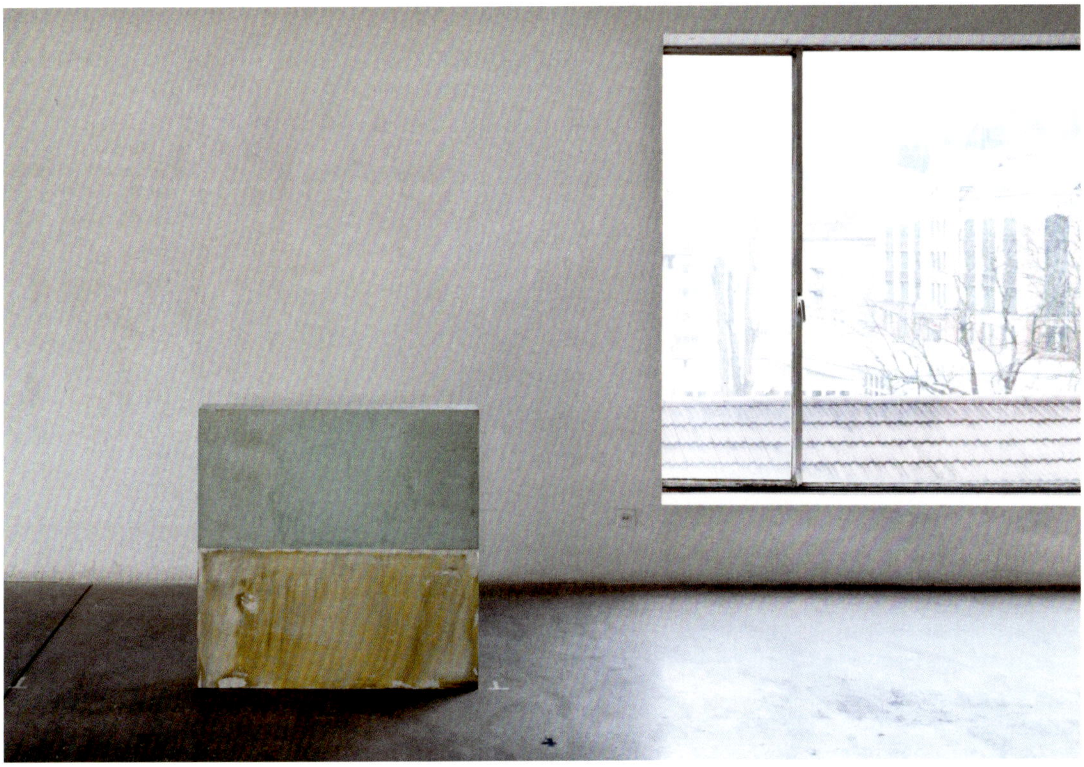

Ausstellung *Günther Wizemann, Mayflower,* Galerie Susanna Kulli, 1994
Fotografie: Heinz Köppel

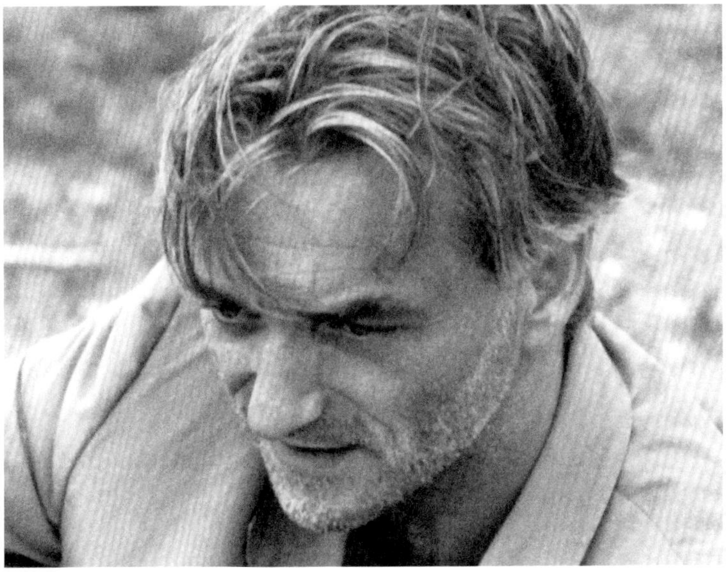

Günther Wizemann, Fotografie: Eva Wizemann, 1994